소　방
공무원
생활영어

PREFACE

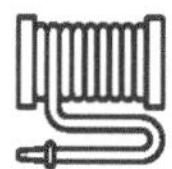

소방공무원은 국민의 생명과 재산을 보호하는 직업으로, 화재발생 시의 진화 및 소화업무뿐만 아니라 구조업무, 구급업무 등 다양한 분야의 업무를 수행하게 된다.

소방직공무원 경력경쟁 채용시험 영어 과목의 경우 기존의 문법 · 독해 · 어휘 위주의 일반적인 학습내용이 아닌, '구조 · 구급 등 소방활동에 필요한 생활영어'로 치러지고 있다. 따라서 수험생 또한 이 점에 유의하여 학습전략을 세워야 한다.

본서는 소방직공무원 경력경쟁 채용시험 영어 과목에 대한 완벽대비를 위하여 소방관련 생활영어를 체계적으로 정리하였다. 소방공무원 업무에 필요한 기초적인 일상표현뿐만 아니라, 소방조직, 관련 장비 등의 필수용어 정리와 함께 실제 신고전화 응대 및 사고현장 관련 대화(화재 · 사고 · 구급 · 재난 · 기타)를 유형별로 분류하여 효율적인 학습이 가능하도록 구성하였다. 또한 단원별 스피드 체크에 더해 출제 가능성이 높은 핵심예상문제를 수록하여 '합격mate'가 되기 위해 노력하였다.

수험생 발등에 떨어진 급한 불을 시원하게 꺼 줄 수 있는 수험서가 되기를 바란다.

STUDY 학습Guide

step 1

핵심유형 정리

생활영어는 학습 범위가 방대해서 공부 방향을 잘못 잡는다면 고득점하기 어려운 과목입니다. 실제 시험에서 출제되는 문제 유형(어휘, 독해, 문법, 생활영어 등) 별로 학습방법을 익힐 수 있도록 구성하였습니다.

step 2

기출문제 파악

공무원 시험에서 가장 중요한 것은 기출 동향을 파악하는 것입니다. 이론정리와 기출문제를 함께 수록하여 개념이해와 출제경향 파악이 즉각적으로 이루어지도록 구성했습니다. 이를 통해 문제에 대한 이해도와 해결능력을 동시에 향상시켜 학습의 효율성을 높였습니다.

step3

예상문제 연계

문제가 다루고 있는 개념과 문제 유형, 문제 난도에 따라 엄선한 예상문제를 수록하여 문제풀이를 통해 기본개념과 빈출이론을 다시 한 번 학습할 수 있도록 구성하였습니다. 예상문제를 통해 응용력과 문제해결능력을 향상시켜 보다 탄탄하게 실전을 준비할 수 있습니다.

step 4

최신 기출분석

부록으로 최근 시행된 2021년 기출문제를 수록하였습니다. 최신 기출 동향을 파악하고 학습한 이론을 기출과 연계하여 정리할 수 있습니다. 각 문제마다 꼼꼼하고 명쾌한 해설을 제공하여 혼자서도 충분히 출제경향을 파악하고 스스로의 학습상태를 점검할 수 있습니다.

step 5

반복학습

반복학습은 자신의 약점을 보완하고 학습한 내용을 온전히 자기 것으로 만드는 과정입니다. 반복학습을 통해 이전 학습에서 확실하게 깨닫지 못했던 세세한 부분까지 철저히 파악하여 보다 완벽하게 실전에 대비할 수 있습니다.

특징 및 구성

STRUCTURE

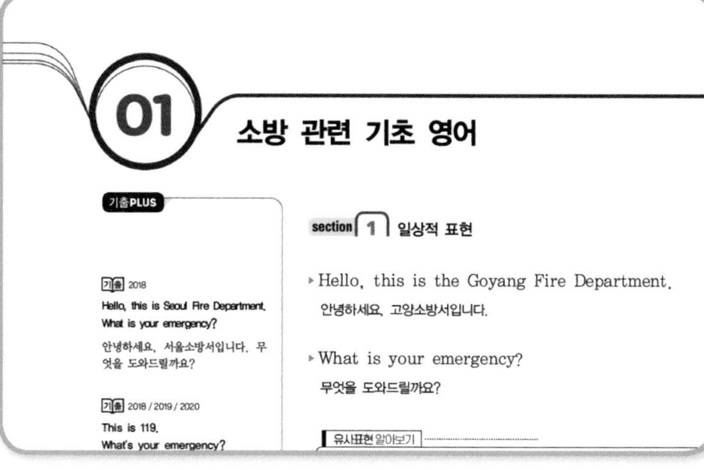
01

소방 관련 기초 영어

기출PLUS

기출 2018
Hello, this is Seoul Fire Department.
What is your emergency?
안녕하세요. 서울소방서입니다. 무엇을 도와드릴까요?

기출 2018 / 2019 / 2020
This is 119.
What's your emergency?

section 1 일상적 표현

▸ Hello, this is the Goyang Fire Department.
안녕하세요. 고양소방서입니다.

▸ What is your emergency?
무엇을 도와드릴까요?

유사표현 알아보기

01

핵심이론정리

소방활동 및 구조 · 구급활동에 꼭 필요한 내용을 엄선하여 이해하기 쉽도록 구성하였습니다.
각 챕터마다 다시 한 번 학습내용을 확인하고 넘어갈 수 있도록 스피드체크 문제를 수록하였습니다.

02

기출 및 예상문제

그동안 치러진 기출문제와 함께 출제가 예상되는 문제만을 엄선하여 수록하였습니다. 다양한 난도와 유형의 문제들로 실전에 확실하게 대비할 수 있습니다.

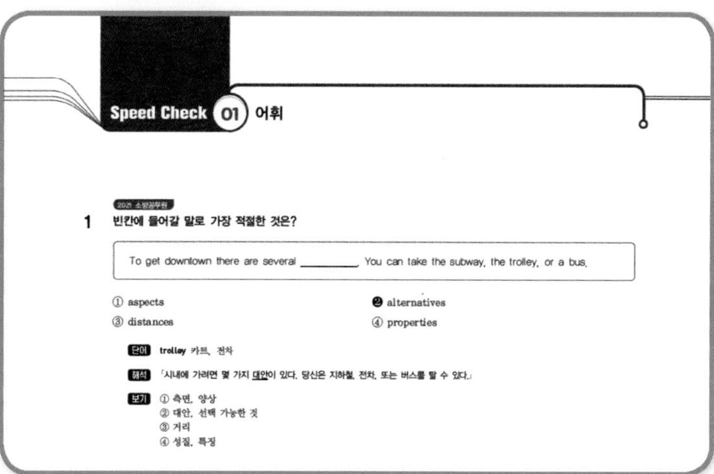
Speed Check 01 어휘

2021 소방공무원
1 빈칸에 들어갈 말로 가장 적절한 것은?

To get downtown there are several ________. You can take the subway, the trolley, or a bus.

① aspects ❷ alternatives
③ distances ④ properties

단어 trolley 카트, 전차
해석 「시내에 가려면 몇 가지 대안이 있다. 당신은 지하철, 전차, 또는 버스를 탈 수 있다.」
보기 ① 측면, 양상
② 대안, 선택 가능한 것
③ 거리
④ 성질, 특징

부록 빈출 소방영어 미니사전

- 119 rescue service 119구조대
- 119 safety center 119안전센터
- a company president 회사의 회장
- a few 어느 정도, 조금
- a fire watchman/fire-watcher 화재감시인
- a little 조금, 약간
- a lot of 많은
- a loud noise 큰 소음
- a stabbing pain 찌르는 듯한 아픔
- a strong-wind warning 강풍주의보
- abdomen 복부
- about 대략, 거의
- absorption cut 흡인성 창상

03

소방영어 미니사전

시험에 자주 나오는 어휘들을 모아 쉽게 찾아볼 수 있도록 미니사전을 구성하여 학습의 편의성을 높였습니다.

CONTENTS 차례

PART 01 소방 관련 기초 영어

PART 02 소방 관련 핵심 용어

PART 03 사고 관련 필수 문장

차례 CONTENTS

PART 04 119 신고접수 및 사고현장 관련 대화

PART 05 기출 및 예상문제

PART 06 빈출 소방영어 미니사전

PART 부록 최근 기출문제분석

PART 01

소방 관련 기초 영어

소방 관련 기초 영어

section 1 일상적 표현

▸ Hello, this is the Goyang Fire Department.

안녕하세요, 고양소방서입니다.

▸ What is your emergency?

무엇을 도와드릴까요?

유사표현 알아보기

- What are you calling about? 무슨 일이시죠?
  = What is the problem?
  = What's the matter?
- How may I help you? 무엇을 도와드릴까요?
  = What can I do for you?
- State your emergency. 당신의 긴급 상황을 말씀해 보십시오.

▸ Is there a fire?

화재인가요?

▸ How many people are injured?

다친 사람이 몇 분이십니까?

▸ Are you feeling sick?

Are you not feeling well?

어디가 불편하십니까?

기출PLUS

기출 2018

Hello, this is Seoul Fire Department. What is your emergency?

안녕하세요, 서울소방서입니다. 무엇을 도와드릴까요?

기출 2018 / 2019 / 2020

This is 119.
What's your emergency?

119입니다.
무엇을 도와드릴까요?

기출 2019

How can I help you?

무엇을 도와드릴까요?

기출 2020

Reception desk. How may I help you?

프런트입니다. 무엇을 도와드릴까요?

▸ Where are you now?

Where is your current location?

지금 계신 곳이 어디십니까?

▸ May I have your address?

주소가 어떻게 되십니까?

유사표현 알아보기

- Would you tell me your address? 주소를 말씀해 주시겠습니까?
  = Could I please have your address?
  = Would you mind telling me your address?
  = What's your address?
- Let me know your address. 당신의 주소를 가르쳐 주십시오.

▸ We tracked it from your call.

당신의 전화로 위치를 추적했습니다.

▸ Where is the fire, please?

화재현장이 어디죠?

▸ Are there any big building around there?

그 주변에 큰 건물이 무엇이 있나요?

유사표현 알아보기

- Is there any landmark nearby? 근처에 눈에 띄는 큰 건물이 있습니까?
  = Now what is the nearest landmark around your location?
  = Is there a prominent building nearby?

기출PLUS

기출 2020

I'll send an ambulance. Where are you?

구급차를 보내겠습니다. 어디 계십니까?

기출 2019

What is the address of your apartment, sir?

아파트 주소가 어떻게 되십니까, 선생님?

기출 2021

Can you give me directions

위치를 알려주시겠어요?

기출 2019

I have traced the location, using your cell phone.

당신 핸드폰을 이용해서 위치를 추적했습니다.

기출PLUS

기출 2020

Can you explain exactly what happened?

무슨 일이 있었는지 정확히 설명해 주실 수 있습니까?

기출 2018

Give me some details, sir.

자세히 설명해 주십시오, 선생님.

기출 2019

Fire engines and ambulances have been dispatched to you.

소방차와 앰뷸런스가 당신에게 급파되었습니다.

▸ Is there anyone else there to help you right now?

주위에 도와 줄 분이 계십니까?

▸ Calm down and repeat that one more time, please.

진정하시고 다시 한 번 말씀해 주십시오.

유사표현 알아보기

- I beg your pardon? 다시 한 번 말씀해 주시겠어요?
  = Would you please repeat that?
  = Can you say that once again?
  = Come again?
- What did you say? 뭐라고 하셨죠?
  = pardon me?
  = Excuse me?

▸ Can I have your name and phone number, please?

실례지만 성함과 전화번호는 어떻게 되십니까?

▸ What number can I reach you?

연락 가능한 전화번호가 어떻게 되십니까?

▸ Is your telephone number 02-1122-3344? Correct?

전화번호가 02-1122-3344번이 맞습니까?

▸ We will send fire fighters right away.

즉시 출동하겠습니다.

▸ The fire engine has just left.

소방차가 방금 출동했습니다.

▸ It will take about 8 minutes to get there.

도착하려면 8분 정도 걸립니다.

▸ Don't hang up, please.

전화를 끊지 마십시오.

유사표현 알아보기

- Hold the line, please. 전화를 끊지 말고 기다려 주십시오.
  = Hold on a minute, please.
  = Would you hold the line for a minute?
  = Can you hold on for a moment?
- I'm putting you on hold for a second. 잠시 대기 해주십시오.

▸ Wait for the rescue team there.

거기서 구조대를 기다리세요.

▸ Fire fighters will call you when they are at the scene.

대원들이 현장에 도착하면 전화 드리겠습니다.

▸ Please, don't miss the call.

전화를 꼭 받아 주세요.

▸ When you see the fire engine, show them the way, please.

소방차가 보이면 안내해 주세요.

기출PLUS

기출 2020

Stay on the line, please.

전화를 끊지 말고 기다리세요.

기출 2018

Keep talking to her and wait for the rescue team.

그녀와 계속 이야기하면서 구조팀을 기다리세요.

기출PLUS

기출 2018 / 2020

I'm connecting you to 119.

119에 연결해 드리겠습니다.

=I'm connecting you with 119.

section 2 기타 표현

▸ This is the fire department.

여기는 소방서입니다.

▸ You have the wrong number.

전화를 잘못 거셨습니다.

▸ Call 119 when you need help.

도움이 필요하시면 119로 신고하십시오.

▸ Can you speak Korean?

한국말을 할 수 있습니까?

▸ Let me talk to a Korean near you.

근처에 한국 사람이 있으면 바꿔 주십시오.

▸ Speak slowly, please.

천천히 말씀해 주십시오.

▸ Calm down.

진정하십시오.

유사표현 알아보기

- Just relax. 진정하세요.
  = Take it easy.
  = Please, chill out.
- Don't panic. 당황하지 마세요.
  = Don't get so agitated.

기출PLUS

▸ Call 1339 if you need emergency medical information.
응급의료정보가 알고 싶으시면 1339번으로 문의하세요.

▸ The closest hospital is PAIK hospital in Daewha Dong.
가장 가까운 병원은 대화동에 있는 백병원입니다.

▸ Do you want me to report to the police?
경찰에 신고해 드릴까요?

▸ The emergency number for the police is 112.
경찰 비상전화 번호는 112입니다.

▸ Do you need anything else?
Do you need more help?
더 도와드릴 일은 없습니까?

▸ Don't worry, everything will be okay.
걱정하지 마십시오, 모두 잘 될 겁니다.

유사표현 알아보기

- Don't worry, so you will be fine. 걱정하지 마세요, 괜찮을 겁니다.
  = Don't worry, it will all come out in the wash.
  = Don't mind, it will work out in the end.
  = Don't worry about it. Things will work out for the best.

Speed Check 01 소방 관련 기초 영어

1 고양소방서입니다.

This is the Goyang (   ).

2 무엇을 도와드릴까요?

What is your (   )?

3 화재인가요?

Is there a (   )?

4 다친 사람이 몇 분이십니까?

How many people are (   )?

5 지금 계신 곳이 어디십니까?

Where is your current (   )?

6 그 주변에 큰 건물이 무엇이 있나요?

Are there any big building (   ) there?

7 진정하시고 다시 한 번 말씀해 주십시오.

(   ) and repeat that one more time, please.

8 즉시 출동하겠습니다.

We will send fire fighters (　　　　　　　).

9 전화를 끊지 마십시오.

Don't (　　　　　　　), please.

10 전화를 잘못 거셨습니다.

You have the (　　　　　　　).

11 'How may I help you?'와 바꿔 쓸 수 없는 것은?

① What can I do for you?

② State your emergency.

③ Could you do something for me?

④ Can I do anything for you?

12 화재신고 상황에 어울리지 않는 대화는?

① A : Where is the fire, please?
   B : 1234 Pung-dong.

② A : Do people need to be rescued?
   B : I don't know.

③ A : How long it will take?
   B : It will take about 8 minutes to get there.

④ A : What kind of accident is it?
   B : She fell from a workplace.

ANSWER

1 Fire Department **2** emergency **3** fire **4** injured **5** location **6** around **7** Calm down
8 right away **9** hang up **10** wrong number **11** ③ **12** ④

PART 02

소방 관련 핵심 용어

01 소방기구

02 계급

03 구조장비

04 구급장비

05 구급용어

06 재난 관련 용어

07 기타 소방 관련 용어

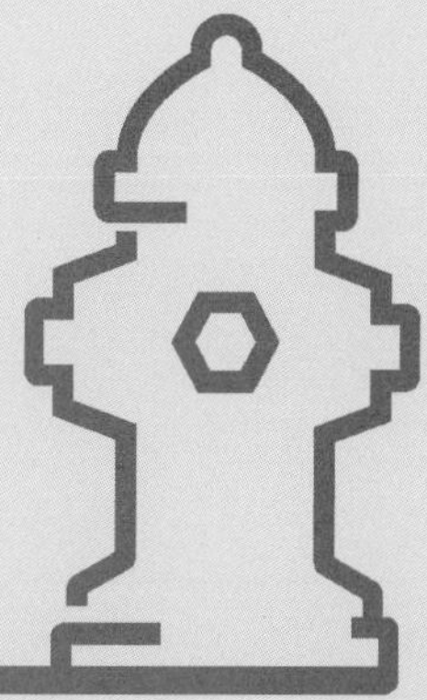

소방 관련 핵심 용어

기출PLUS

기출 2018

Fire Department 소방서

section 1 소방기구(Fire Fighting Departments)

Fire Station 소방서 ◎◎◎

National Fire Agency 소방청

National 119 Rescue Headquarters 중앙 119구조본부

119 Rescue Service 119구조대

119 Safety Reporting Center 119안전신고센터

National Fire Service Academy 중앙소방학교

Water Rescue Company 수난구조대

Mountain Rescue Company 산악구조대

Special Rescue Company 특별구조대

Fire Administration Section 소방행정과

Fire Suppression Section 방호과

Fire Rescue Section 구조과

Prevention Section 예방과

Branch fire substation 소방파출소

Volunteer fire substation 의용소방대

National Disaster Management Institute 국립방재 교육연구원

National Institute for Disaster Prevention 국립방재연구원

National Fire Data System 국가화재정보센터

section 2 계급(Ranks)

a Fire Commissioner 소방총감

General Fire Marshal 소방정감

Deputy Chief/Fire Marshal 소방감

Deputy Assistant Chief/Deputy Fire Marshal 소방준감

Fire Chief 소방정

Second Lieutenant/Assistant Fire Chief 소방령

Battalion Chief/Fire Captain 소방경

Senior Captain/Fire Lieutenant 소방위

Captain/Fire sergeant 소방장

Senior Fire Fighter 소방교

Fire Fighter 소방사

Fire Recruit/Fire Fighter Assistant 소방사시보

section 3 구조장비(Rescue Equipment)

Tow Truck/Breakdown Truck 견인차

Aerial Ladder 고가 사다리

Air Cushion Rescue Mattress 공기식 구조매트

Air Saw/Pneumatic Saw 공기톱

Compressed Air Breathing Apparatus/Air Respiratory Machine 공기호흡기

Rescue Suit 구조복

Winch 권양기

Stretcher 들것

기출PLUS

기출 2020

Fire Instructor

소방강사, 소방지도사

기출PLUS

기출 2021
Fire hydrant 소화전

Ascender 등강기

Rope 로프

Multiple Axe/All-purpose Axe 만능도구

Fire-proof Uniform 방화복

Goggles 보호안경

Ladder 사다리

Aerial Ladder Truck 사다리차

Oxygen Breathing Apparatus/Oxygen Respiratory Breather 산소호흡기

Safety Belt 안전벨트

Air Bag 에어백

Smoke Flashlight/Fluoroscopic Smoke Lantern 연기투시기

Thermal Image Camera 열화상 카메라

Hydraulic Door Opener 유압도어오프너

Hydraulic (Arm) Spreader 유압전개기

Hydraulic Cutter 유압절단기

Hydraulic (Engine) Pump 유압(엔진)펌프

Portable Generator 이동식발전기

Rescue Alarm 인명구조경보기

Lever 지렛대

Breaker 차단기

Breaker/Rock Drill 착암기

Chain Saw 체인톱

Cable Cutter/Wire Cutter 케이블절단기

Core Drill 코어드릴

Search Light 탐색등

Battering Ram 파괴용 금속 망치

Descender 하강기

Hammer Drill 해머드릴

section 4 구급장비(First-aid Equipment)

Gauze 거즈

Eye Examination Light/Pen Light 검안라이트

Fracture Splint 골절부목

Air Splint 공기부목

Oral Airway Supporter 구강기도유지기

Mask 마스크

Head Harness 머리고정대

Neck Harness 목고정대

Splint 부목

Separable Stretcher/Detachable Stretcher 분리형 들것

Bandage(regular, compress, burn) 붕대(일반용, 압박용, 화상용)

Nasal Airway Supporter 비강기도유지기

Corpse Bag/Body Bag 사체낭

Saline Solution 생리식염수

Shock Prevention Pants/Anti-shock 쇼크방지용 하의

Disposable(auto) Resuscitator 수동식(자동식) 인공호흡기

Defibrillator/Cardioverter 심실제세동기

Electrocardiogram Monitor 심전도 모니터

Atropine 아트로핀(경련 완화제)

Tourniquet 지혈대

Spine Supporter/Spine Board 척추고정판

기출PLUS

기출PLUS

기출 2018 / 2019

Sprain 삠, 접질림

기출 2021

Infection 감염병

Thermometer 체온계

Povidone-iodine 포비돈 요오드(살균용)

Sphygmomanometer 혈압계

Laryngoscope 후두경

section 5 구급용어(First-aid Treatment)

Gas Poisoning 가스중독

Open(Closed) Fracture 개방성(폐쇄성) 골절

Convulsion/Spasm 경련

Irregular Pulse/Arrhythmia 경부정맥

High Risk 고위험

Pelvis Fracture 골반골절◎◎◎

Panic 공황

Anaphylactic Reaction/Allergy Passage 과민반응

Hypersensitive Shock/Anaphylactic Shock 과민성 쇼크

Penetrating Wound 관통상

Muscle 근육

Tracheostomy 기관절개

Airway Blockage/Respiratory Obstruction 기도폐쇄

Pneumothorax/Collapsed Lung 기흉

Complex Rib Fracture 다발성 늑골 골절

Metabolic Shock 대사성 쇼크

Frostbite 동상◎◎◎

Skull Fracture 두개골 골절

Head Injury/Head Trauma 두부손상

Headache 두통◎◎◎

Pulse 맥박

Spasm 발작

Abdomen 복부

Injured Person/a Wounded 부상자

the Dead 사망자

Oxygen Supply 산소공급

Intubation 삽관

Insertion 삽입

Genital Trouble 생식기 장애

Food Poisoning 식중독

Heart Attack 심장마비

Heatstroke 열사병◎◎◎

Exhaustion 탈진

Surface Trauma/Epidermal External Wound 표피외상

Hematuria 혈뇨

Angina Pectoris/Stenocardia 협심증

Blood Pressure 혈압

Blood Circulation 혈액순환

Respiration 호흡

Stupor 혼미

First(Second, Third) Degree Burn 1도(2도, 3도) 화상◎◎◎

Vital Sign 활력징후

Chest Thrust 흉부압박

Suction 흡인

Absorption Cut 흡인성 창상

Agitation 흥분

기출PLUS

기출 2018

Stomachache 복통

기출 2021

Allergy 알러지

기출 2020

Cardiopulmonary resuscitation(CPR) 심폐소생술

기출 2019

Poor Circulation 원활하지 못한 혈액순환

기출PLUS

기출 2021
Wildfire 산불

기출 2018
Soil pollution 토양오염

기출 2020
sinkhole 싱크홀

기출 2019
Hurricane 허리케인

section 6 재난 관련 용어

Drought 가뭄

Rainfall/Precipitation 강우량

Snowfall 강설량

Gale Warning 강풍경보

a Strong-wind Warning 강풍주의보

Thunderbolt 낙뢰

Wreck 난파

Avalanche 눈사태

Air Pollution 대기오염

Gust/Gale 돌풍

High Tide 만조

Landslide 산사태

Hail 우박

Rainy Season/Monsoon 장마

Earthquake 지진

Tsunami 지진해일

Earthquake Intensity 진도

Earthquake Center/Epicenter 진앙

Seismic Center/Hypocenter 진원

Localized Torrential Downpours 집중호우

Typhoon 태풍

Typhoon Warning 태풍경보

Eye of Typhoon 태풍의 눈

Typhoon Watch/Typhoon Advisory 태풍주의보

Heavy Snow 폭설

Heat Wave 폭염

Heat Wave Warnings 폭염주의보

Heavy Rain/Torrential Rain 폭우

Cold Wave 한파

Cold Wave Watch 한파주의보

Tidal Wave 해일

Heavy Rain Warning 호우경보

Heavy Rain Watch/Heavy Rain Advisory 호우주의보

Flood 홍수

Volcanic Ash 화산재

Yellow Dust/Asian Dust 황사

section 7 기타 소방 관련 용어

Electric Shock 감전

Open 개방하라

Individual Rope 개인로프

Building Structure 건물구조

Blueprint 건물도면

Tow 견인하다

High-rise Building/Skyscraper 고층건물

Rescue Team 구조대

Rescue Method 구조방법

Rescue Operation 구조작업

Rescuing 구조작업 중

기출PLUS

기출 2019

Blizzard 블리자드, 눈보라

기출 2018

storm 폭풍(우)

기출 2019

Volcanic Eruption 화산 분출

기출 2021

Ignite 불이 붙다, 점화하다

Extinguish (불을) 끄다

기출PLUS

기출 2021
Combustion 연소

Completion of Rescue 구조완료

Evacuate/Take Shelter 대피하라

Throw 던져라

Loosen the Rope 로프를 늦추어라

Buried 매몰되다

Wooden 목조

Partially burned down 반소

Ignition Point 발화점

Start Water Proofing 방수시작

Stop Water Proofing 방수중지

Arson 방화

Smoke Ventilation 배연

Flame 불꽃

Emergency Exit/Fire Escape 비상구

Emergency Light 비상조명

Fire Inspection 소방검사

Fire Engine/Fire Truck 소방차

Fire Extinguisher 소화기

Smoke 연기

Turn up 올려라

Perfection Extinguishment 완전진화

Main Rescuer 요구조자

First Aid 응급처치

Life Rescue 인명구조

Casualties 인명피해

Flashing Point 인화점

Spontaneous Ignition 자연발화

Diving 잠수

Completely burned down 전소

Pay Attention 주의하라

Basement Floor 지하층

Straight Stream 직사주수

Putting Out the Fire 진화작업

Early Stage Suppression/Initial Extinguishment 초기진화

Explosion 폭발

a Fire Watchman/Fire-watcher 화재감시인

Fire Drill 화재 대피 훈련

Cause of Fire 화재원인

Fire Prevention Week 화재 예방 주간

Vent 환기구

Victim 희생자(↔Survivor 생존자)

기출PLUS

기출 2018

Fire Safety Administrator 화재 안전 관리자

Fire alarm system 화재 경보 시스템

Speed Check 02 소방 관련 핵심 용어

1 의용소방대

(　　　　　　　) fire substation

2 119구조대

119 (　　　　　　　) Service

3 소방총감

a fire (　　　　　　　)

4 소방사

Fire (　　　　　　　)

5 부상자

(　　　　　　　) Person

6 혈압

Blood (　　　　　　　)

7 비상구

Emergency (　　　　　　　)

8 인화점

( ) Point

9 전소

( ) burned down

10 주의하라

Pay ( )

※ 다음 중 성격이 가장 다른 하나를 고르시오.

11 ① Oral Airway Supporter
② Smoke Flashlight
③ Electrocardiogram Monitor
④ Thermometer

12 ① National Rescue 119 Service
② Special Rescue Company
③ Volunteer fire substation
④ Senior Fire Fighter

ANSWER

1 Volunteer **2** Rescue **3** Commissioner **4** Fighter **5** Injured **6** Pressure **7** Exit **8** Flashing
9 Completely **10** Attention **11** ② **12** ④

PART 03

사고 관련 필수 문장

01 화재

02 구조

03 구급

04 소방검사 및 화재조사

05 기타 재난 관련 문장

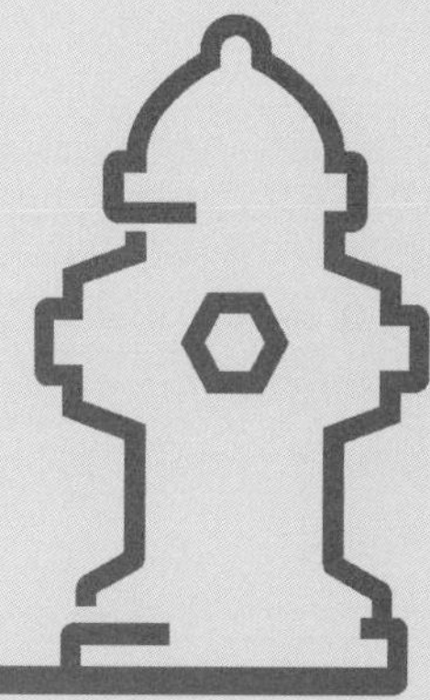

03 사고 관련 필수 문장

기출PLUS

기출 2019

Is there anyone else in your apartment with you?

당신 아파트에 당신과 같이 있는 사람 또 있습니까?

section 1 화재(Fire)

① 구조대원(Rescue Worker)

▸ Where is the fire? ◎◎◎

Where did the fire start?

불이 어디서 났습니까?

▸ Is the apartment(house, factory, car, office) on fire?

아파트(주택, 공장, 차량, 사무실)에서 불이 난 겁니까?

▸ Can you see the fire?

불꽃이 보이십니까?

▸ How tall is the building?

건물이 몇 층입니까?

▸ Which floor is on fire?

불이 난 층이 몇 층입니까?

▸ Do you know how the fire started?

어떻게 불이 난 건지 아십니까?

▸ Has everyone been evacuated?

사람들은 다 대피했습니까?

▸ Are there any people still left in the building? ◎◎◎

건물에 남아 있는 사람이 있습니까?

▸ Do people need to be rescued?

인명구조가 필요합니까?

▸ Where did the fire start?

발화지점이 어디입니까?

▸ Where is the exit?

출입구는 어디입니까?

▸ Is there another exit other than this one?

출입구가 여기 말고 또 있습니까?

▸ What kind of factory is it?

무엇을 만드는 공장입니까?

▸ Are there any dangerous materials inside the building?

공장내부에 위험물이 있습니까?

▸ Are there any explosive materials?

폭발물질이 있습니까?

▸ Call the person who is in charge, please.

관계자 분께 연락해 주십시오.

기출PLUS

기출 2019

If possible, exit your apartment with your pets.

가능하다면, 애완동물과 함께 아파트에서 탈출하십시오.

기출PLUS

기출 2019

There's a fire in my apartment!

내 아파트에 불이 났어요!

② 신고인(Reporter)

▸ There is a fire in the apartment(house, factory, car, office). ◎◎◎

아파트(주택, 공장, 차량, 사무실)에서 불이 났습니다.

▸ There is a fire on the 8th floor of 20 story apartment.

20층 아파트의 8층에서 불이 났습니다.

▸ There is a fire in the basement.

불이 난 곳은 지하입니다.

▸ I don't see flames but there is a lot of smoke.

불꽃은 보이지 않지만 연기가 많이 납니다.

▸ Three people are inside the building.

건물 안에 세 사람이 있습니다.

▸ It looks like it will be a big fire.

불이 크게 번질 것 같습니다.

▸ It looks like the fire will spread quickly.

불이 빠르게 번지고 있는 것 같습니다.

▸ Two people were burned.

2명이 화상을 입었습니다.

▸ There is another fire escape at the back of this building.

건물 뒤편에 비상계단이 있습니다.

▸ There is another building next to the fire.
불이 난 건물 옆으로 또 다른 건물이 있습니다.

▸ It is a furniture(paper, plastic) factory.
가구(종이, 플라스틱)를 만드는 공장입니다.

▸ It is a field of construction work(distribution center, dormitory).
공사현장(물류센터, 기숙사)입니다.

section 2 구조(Rescue)

① 구조대원(Rescue Worker)

▸ What kind of accident is it?
어떤 종류의 사고입니까?

▸ Where did the accident occur? ◎◎◎
사고가 난 장소는 어디입니까?

▸ Are there any people injured?
다치신 분이 있습니까?

▸ How many people have been injured?
몇 명이 다치셨습니까?

▸ Where was he/she injured?
어디를 다치셨습니까?

▸ How was he/she injured?
어떻게 다치셨습니까?

기출PLUS

기출 2018
Where did the accident occur exactly?
사고가 난 곳이 정확히 어딥니까?

03 사고 관련 필수 문장

기출PLUS

기출 2018

Is she conscious? Keep talking to her and wait for the rescue team.

그녀가 의식이 있습니까? 그녀와 계속 이야기하면서 구조팀을 기다리세요.

▸ What kind of machine hurt you?

어떤 기계에 다치신 겁니까?

▸ How many meters high did you fall from?

몇 미터에서 추락했습니까?

▸ How did you fall into the water?

어떻게 하다가 물에 빠졌습니까?

▸ How deep is it?

그 곳은 얼마나 깊습니까?

▸ Is anybody stuck in the car from the accident?

사고 차량에 사람이 끼어 있습니까?

▸ What floor are you stuck in?

몇 층에 갇혀 있습니까?

▸ Is he/she conscious?

의식이 있습니까?

▸ Keep talking to them so they do not lost consciousness.

의식을 잃지 않도록 말을 걸어 주십시오.

▸ Can he/she move?

움직일 수 있습니까?

▸ The rescue car is on the way.

구조차량이 출동 중입니다.

▸ The paramedics are on the way.

구급대가 가고 있습니다.

▸ Moving might worsen the injury.

움직이면 상태가 악화될 수 있습니다.

▸ Stay still. ♨♨♨

가만히 계십시오.

▸ Calm down and answer when somebody calls out your name.

진정하시고 이름을 부르면 대답해 주십시오.

▸ Keep he/she warm until rescuers arrive.

구조대가 도착할 때까지 몸을 따뜻하게 해 주십시오.

▸ This is a rescue team from the Goyang Fire Department.

고양소방서 구조대입니다.

▸ Take us to the site of the accident.

사고 장소로 안내해 주십시오.

▸ We will rescue you in a minute.

잠시만 기다리시면 금방 구조해 드리겠습니다.

▸ I am going to start moving you for the rescue.

구조작업을 시작할 텐데 아프시면 말씀하십시오.

▸ Does it hurt a lot?

통증이 심합니까?

▸ Stay still for a moment even if it hurts.

아프더라도 잠시 동안 움직이지 마십시오.

기출PLUS

기출 2018

Just stay still and let her drink some water later.

그냥 가만히 계시다가 나중에 그녀가 물을 좀 마시게 하십시오.

기출PLUS

기출 2020

She was hit by a car!

그녀가 차에 치였어요!

▸ Do not move.

움직이지 마십시오.

▸ Can you move?

움직일 수 있으십니까?

▸ I will move you to an ambulance.

구급차량으로 옮기겠습니다.

▸ Are you okay?

불편한 곳은 없으십니까?

▸ We will soon arrive in the hospital.

이제 곧 병원에 도착합니다.

② 신고인(Reporter)

▸ There is a car accident. ⊚⊚⊚

교통사고가 났습니다.

▸ He/She fell from a workplace

작업장에서 떨어졌습니다.

▸ He/She/They fell into water.

물에 빠졌습니다.

▸ His/Her hand got stuck in a machine.

기계에 손이 끼었습니다.

▸ I am stuck in the elevator.

엘리베이터에 갇혔습니다.

▸ He/She is unconscious after falling down the stairs.
계단에서 굴러 떨어져 의식불명입니다.

▸ He/She was bit by snake while hiking.
등산 중에 뱀에게 물렸습니다.

▸ I have been stabbed by a knife.
칼에 찔렸습니다.

▸ I get gas poisoning from coal briquettes.
연탄가스에 중독되었습니다.

▸ He/She got electrical shock.
감전되었습니다.

▸ More than five people were injured.
5명이 넘는 사람들이 다쳤습니다.

▸ The patient is over here.
환자는 이쪽에 있습니다.

▸ I feel the most pain in my back.
허리가 제일 아픕니다.

▸ I fell and broke my arm.
넘어져서 팔이 부러졌습니다.

▸ My ankle hurts and I can't move it.
발목이 아파서 움직일 수 없습니다.

▸ Do it gently, please. It hurts too much.
아프니까 살살해 주세요.

기출PLUS

기출 2021
I've got a temperature and my stomach hurts.
열이 나고 배가 아파요.

기출 2020
I think her leg is broken.
그녀의 다리가 부러졌다고 생각해요.

기출 2019
I think I sprained my ankle when I tripped over a rock yesterday.
어제 바위에 발이 걸려 넘어지면서 발목을 삔 것 같아요.

기출PLUS

section 3 구급(First-aid)

① 구조대원(Rescue Worker)

▸ Where is the patient?

환자분은 어디에 계십니까?

▸ How many patients are there?

환자가 몇 명입니까?

▸ What is your relationship with the patient?

환자분과는 어떤 관계이십니까?

▸ Where do you feel pain?

어디가 아프십니까?

▸ How long have you had this pain?

언제부터 아프셨습니까?

▸ How did you get hurt?

어쩌다 다치셨습니까?

▸ Is he/she conscious?

환자가 의식이 있습니까?

▸ Is he/she breathing?

환자의 호흡이 있습니까?

▸ Do you have an external injury?

외상이 있습니까?

기출 2021

How long have you been feeling this way?

얼마나 오랫동안 이렇게 느끼셨어요?

▸ Are you bleeding?

출혈이 있습니까?

▸ Do you have a family history?

병력이 있습니까?

▸ Do you have any chronic diseases?

평소에 지병이 있습니까?

▸ Are you pregnant? ๑๑๑

임신하셨습니까?

▸ How long have you been pregnant?

임신 몇 개월입니까?

▸ Do you take any medications? ๑๑๑

복용 중인 약이 있습니까?

▸ Please reassure the patient.

환자분을 안심시켜 주십시오.

▸ Move the patient to a cooler place until the rescue team gets there.

구급차가 도착할 때까지 환자를 서늘한 곳으로 옮겨 주십시오.

▸ Calm down and wait for a moment.

진정하시고 잠시만 기다리십시오.

▸ Can you here me?

제 말이 들리십니까?

기출PLUS

기출 2018

Bring the child indoors or into the shade immediately.

아이를 실내나 그늘로 즉시 데려오십시오.

03 사고 관련 필수 문장

기출PLUS

기출 2019
Can you tell me where it hurts?
어디가 아픈지 말씀해 주시겠어요?

▸ Do you have a guardian?
보호자는 있습니까?

▸ Point to where it hurts.
아픈 곳을 가리켜 보십시오.

▸ Tell me if it hurts when I touch you.
제가 만진 부분이 아프시면 말씀하세요.

▸ Do you feel nauseated?
구역질이 날 것 같습니까?

▸ How often do you feel pain?
통증이 얼마나 자주 오십니까?

▸ What kind of medicine did you take?
복용한 약이 어떤 것입니까?

▸ How much did you take?
약물을 얼마나 복용했습니까?

▸ Do you have a backache?
허리가 아프십니까?

▸ I will put on spine protector.
경추보호대를 착용하겠습니다.

▸ Help me lift up the patient.
환자를 드는 걸 도와주십시오.

- I have to take your clothes off to give you treatment. Is it okay?
  다친 곳을 치료하려면 옷을 벗겨야 합니다. 괜찮습니까?

- I will cut your clothes. Is it okay?
  옷을 자르겠습니다. 괜찮습니까?

- Do you have anyone to contact?
  연락하실 분이 있으십니까?

- Do you have a regular hospital that you usually go to?
  다니시는 병원이 있습니까?

- We will get to the hospital in 10 minutes, so hang in there and relax.
  10분 정도면 병원에 도착하니 조금만 참으십시오.

② 신고인(Reporter)

- He/She suddenly fainted. ⓐⓐⓐ
  갑자기 쓰러졌습니다.

- He/She isn't moving at all.
  전혀 움직이지 않습니다.

- He/She is(isn't) breathing. ⓐⓐⓐ
  호흡이 있습니다(없습니다).

- She is pregnant and about to deliver a baby.
  임산부인데 아이를 낳을 것 같습니다.

기출PLUS

기출 2018

We were hiking and she suddenly fainted.

우리가 하이킹을 하고 있는데 그녀가 갑자기 기절했어요.

03 사고 관련 필수 문장

기출PLUS

기출 2020

I think you got burned!

내 생각엔 화상을 입은 것 같아!

▸ She is discharging blood.

하혈이 있습니다.

▸ Her water has broken.

양수가 터졌습니다.

▸ My child keeps vomiting.

아이가 계속 토합니다.

▸ My baby has a high fever and can't breathe well.

아기가 열이 나고 숨을 잘 못 쉽니다.

▸ He/She is burned.

화상을 입었습니다.

▸ I have been cut by a piece of glass.

유리 조각에 베었습니다.

▸ The pain started one hour ago, but now the pain has gotten worse.

한 시간 전부터 조금씩 아팠는데 지금은 많이 아픕니다.

▸ I am a diabetic.

당뇨가 있습니다.

▸ I have high blood pressure(tuberculosis).

고혈압(결핵)이 있습니다.

▸ I am taking medicine for my blood pressure.

혈압약을 먹고 있습니다.

기출PLUS

▸ I took some sleeping pills.
수면제를 먹었습니다.

▸ Please contact my family.
가족에게 연락 좀 해주세요.

▸ Take me to any hospital closest, please.
아무 병원이나 가까운 곳으로 가 주세요.

section 4 소방검사 및 화재조사

① 소방검사(Fire Extinguish Equipment Inspection)

▸ Hello. I am firefighter ○○○ from the Fire Prevention section, Goyang Fire Department.
안녕하십니까? 저는 고양소방서 예방과에서 나온 소방관 ○○○입니다.

▸ I'm here to conduct a fire inspection.
소방검사 차 나왔습니다.

▸ How many stories are there in this building and what's the floor space?
건물 층수 및 면적이 어떻게 됩니까?

▸ How many people work here?
근무 인원은 몇 명입니까?

▸ Dose the fire extinguishing equipment work properly?
소방시설은 정상적으로 작동되고 있습니까?

03 사고 관련 필수 문장

기출PLUS

기출 2018

I'm sorry to interrupt you, but I want to let you know that we will test the building's fire alarm system in ten minutes.

방해를 끼쳐 죄송합니다만, 10분 후에 건물의 화재 경보 시스템을 테스트해 볼 예정입니다.

▸What kind of fire escape equipment is installed in the building?

건물 내에 설치된 피난기구는 무엇이 있습니까?

▸Where are the automatic alarm system or automatic fire detector?

자동화재 경보설비 또는 자동화재 탐지기는 어디에 있습니까?

▸Where are the indoor fire extinguishers and the sprinkler pump room?

옥내 소화전 및 스프링클러 설비 펌프실은 어디에 있습니까?

▸Please follow the fire safety regulations for explosives and flammable materials strictly.

위험물 및 화기 취급 시 안전수칙을 잘 지켜 주십시오.

▸The fire inspection is conducted once in every 2 years.

소방검사는 2년에 한 번 실시합니다.

▸Please correct the minor problems we have listed for you as soon as possible

경미한 지적사항에 대해서는 빠른 시일 내에 정비하시기 바랍니다.

▸Thank you for your cooperation this fire inspection.

소방검사에 임하여 주셔서 감사합니다.

② 화재조사(Fire Investigation)

▸ Hello. I'm a fire investigator ○○○ from the Goyang Fire Department.

안녕하십니까? 저는 고양소방서 화재조사관 ○○○입니다.

▸ Did you report the fire? ✪✪✪

화재를 신고하셨습니까?

▸ Did you witness the fire?

화재를 목격하셨습니까?

▸ Where did the fire start?

화재가 어디서부터 시작됐습니까?

▸ Where were you and What were you doing when noticed the fire?

화재 당시 어디서 무엇을 하고 계셨습니까?

▸ How did you know there was fire?

화재 발생 사실을 어떻게 아셨습니까?

▸ What was it like when noticed the fire?

화재 당시 상황이 어땠습니까?

▸ If the fire alarm goes off leave the building quickly.

화재경보기가 울리면 즉시 건물에서 나가십시오.

▸ Did you hear any explosions or other strange sounds?

폭발음이나 이상한 소리가 들렸습니까?

기출PLUS

기출 2020

What caused the fire?

화재의 원인은 무엇입니까?

03 사고 관련 필수 문장

기출PLUS

▸ Were you using any explosives or other dangerous materials when the fire started?
화재 당시 위험물질을 취급하셨습니까?

▸ Did the fire alarm work properly?
화재 당시 경보설비가 제대로 작동했습니까?

▸ Was anyone injured by the fire?
화재로 부상을 당한 사람이 있습니까?

▸ How much and where was he/she hurt?
어디를 얼마나 다쳤습니까?

▸ Which hospital was he/she transferred to?
어느 병원으로 이송했습니까?

▸ Who owns this building?
이 건물은 누구의 소유입니까?

▸ Please tell me the phone number of the owner.
소유자의 연락처를 알려 주십시오.

▸ Do you have a fire insurance?
화재보험은 가입했나요?

▸ What's the name of the insurance company?
어느 보험사입니까?

▸ Please, tell me your name and resident registration number.
당신의 이름과 주민등록번호를 알려 주십시오.

▸ Tell me your address and telephone number where we can contact you.

연락처 및 주소를 알려 주십시오.

▸ Let me know if you need any help related to the fire.

화재와 관련하여 도움이 필요하시면 말씀하십시오.

▸ Thank you for your cooperation.

협조해 주셔서 감사합니다.

section 5 기타 재난 관련 문장

▸ Listen carefully to the TV or radio for the weather conditions.

TV나 라디오의 기상상황을 주의 깊게 청취하십시오.

▸ This is from the Disaster Safety Center of Goyang City.

고양시 재난안전 대책본부에서 알려드립니다.

▸ There is a flood in Ilsan area in Goyang.

고양시 일산 지역에 홍수의 위험이 있습니다.

▸ Ilsan area is under a typhoon threat.

일산 지역은 태풍의 영향 하에 놓여 있습니다.

▸ A 5 magnitude earthquake struck Ilsan area in Goyang City today.

오늘 고양시 일산 지역에 진도 5의 지진이 발생하였습니다.

기출PLUS

기출 2018

An earthquake has just occurred.

방금 지진이 발생했습니다.

03 사고 관련 필수 문장

기출PLUS

기출 2019

Do not take any belongings with you.

어떤 소지품도 챙기지 마십시오.

▸ This area is still in danger due to a collapsed building.

이 지역은 건물 붕괴로 인해 여전히 위험한 상태입니다.

▸ The tsunami will hit Jeju coast around at 5 pm.

해일이 오후 5시경 제주 해안에 도착할 것입니다.

▸ You are in a dangerous area. You need to evacuate.

그곳은 위험지역이므로 대피하셔야 합니다.

▸ Take some necessities, money and important documents.

가벼운 생필품과 돈, 중요한 서류 등을 챙기십시오.

▸ There is a shelter at Goyang Middle School.

고양중학교에 대피소가 있습니다.

▸ Turn off all the electricity breakers and gas valves.

전기차단기를 내리고 가스 밸브를 잠가 주십시오.

▸ Evacuate to a higher place if the water level keeps rising.

물이 계속 차오르면 높은 곳으로 대피하십시오.

▸ Close all the doors and windows to the building.

건물의 출입문이나 창문은 모두 닫아 주십시오.

▸ Do not go near manholes or sewer drains.

하수도 맨홀이 있는 곳에는 가까이 가지 마십시오.

▸ Do not touch electric poles or street lights.
전신주, 가로등을 손으로 만지지 마십시오.

▸ Avoid dangerous areas and only use safe roads.
위험한 장소를 피해서 안전한 길로 다니십시오.

▸ Do not use elevators.
엘리베이터는 이용하지 마십시오.

▸ In case of lightening, remain inside a building.
번개가 칠 경우 건물 안으로 대피하십시오.

▸ Seek a shelter under a desk or inside a bathroom tub.
책상 밑이나 욕실로 잠시 피하십시오.

▸ Protect and cover your head with a bag or cushion.
가방이나 방석으로 머리를 보호하십시오.

▸ Move objects into the house to avoid damage or them being blown away.
날아갈 위험이 있는 물건은 집안으로 옮겨 놓으십시오.

▸ If there is harmful gas, cover your nose and mouth with a wet towel or your clothes and crawl along the floor to the door.
만약 유해가스가 있다면 젖은 수건이나 옷으로 코와 입을 막고 바닥을 기어 문쪽으로 가십시오.

기출PLUS

기출 2019

Do not take the elevator.

엘리베이터를 타지 마십시오.

기출 2019

Stay close to the ground and take short, quick breaths until you reach the exit.

바닥에 가까이 머무시고 출구에 도착할 때까지 짧고 빠르게 숨을 쉬세요.

Speed Check 03 사고 관련 필수 문장

1 불이 난 곳이 어디입니까?

( ) is the fire?

2 불이 난 층이 몇 층입니까?

Which ( ) is on fire?

3 사람들은 다 대피했습니까?

Has everyone been ( )?

4 폭발물질이 있습니까?

Are there any ( ) materials?

5 불이 난 곳은 지하입니다.

There is a fire in the ( ).

6 2명이 화상을 입었습니다.

Two people were ( ).

7 의식이 있습니까?

Is he/she ( )?

8 구급차량으로 옮기겠습니다.

I will move you to an ( ).

9 다음 질문 중 그 성격이 가장 다른 하나는?

① What kind of accident is it?
② How many meters high did you fall from?
③ When is the paramedics expected to arrive?
④ Is anybody stuck in the car from the accident?

10 다음 중 'How was he injured?'에 대한 대답으로 적절하지 않은 것은?

① He isn't moving at all
② He got electrical shock.
③ He was bit by snake while hiking.
④ He is burned.

ANSWER

1 Where **2** floor **3** evacuated **4** explosive **5** basement **6** burned **7** conscious **8** ambulance
9 ③ **10** ①

11 환자분은 어디에 계십니까?

Where is the (   )?

12 언제부터 아프셨습니까?

(   ) have you had this pain?

13 환자의 호흡이 있습니까?

Is he/she (   )?

14 출혈이 있습니까?

Are you (   )?

15 보호자는 있습니까?

Do you have a (   )?

16 가족에게 연락 좀 해주세요.

Please (   ) my family.

17 소방검사 차 나왔습니다.

I'm here to conduct a (   ).

18 화재를 신고하셨습니까?

Did you (   ) the fire?

19 소방검사 현장에서 할 수 있는 가장 적절한 질문은?

① Did you report the fire?

② Dose the fire extinguishing equipment work properly?

③ Did you hear any explosions or other strange sounds?

④ Where were you and What were you doing when noticed the fire?

20 대피할 때 점검해야 할 사항이 아닌 것은?

① Take some necessities, money and important documents.

② Turn off all the electricity breakers and gas valves.

③ Open all the doors and windows to the building.

④ Move objects into the house to avoid damage or them being blown away.

ANSWER

11 patient **12** How long **13** breathing **14** bleeding **15** guardian **16** contact **17** fire inspection
18 report **19** ② **20** ③

PART 04

119 신고접수 및 사고현장 관련 대화

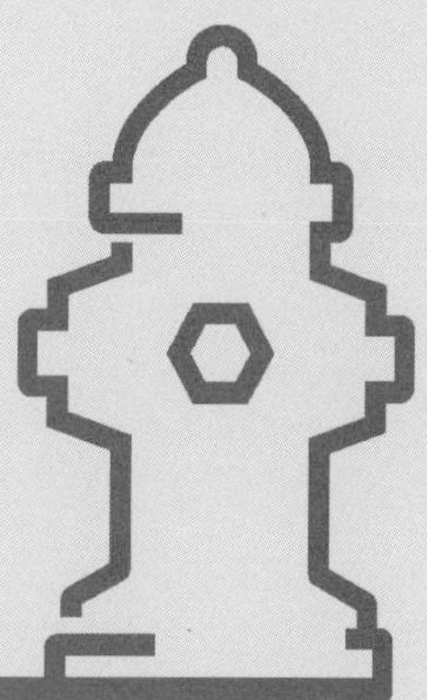

119 신고접수 및 사고현장 관련 대화

기출PLUS

기출 2019

A : This is 119.
What's your emergency?

B : There's a fire in my apartment!

A : 119입니다.
무슨 일이십니까?

B : 내 아파트에 불이 났어요!

section 1 화재신고 접수

① 아파트 화재(Fire in the Apartment)

A : Hello, 119. What is your emergency?

B : There is fire.

A : Where is the fire?

B : It is at the Seojung Humancia Apartments in Haengsin-dong.

A : First of all, you need to calm down.
What's the apartment number where the fire is located?

B : It's building 2003, and the fire started at 9th or 10th floor.

A : Do you see flames or smoke?

B : I don't see flames but there is a lot of smoke.

A : A fire engine will be there soon. Call the apartment manager, please.

B : Okay, I got it. Hurry please.

기출PLUS

A : 119입니다. 무엇을 도와드릴까요?
B : 화재가 났습니다.

A : 어디서 불이 났나요?
B : 행신동에 있는 서정 휴먼시아 아파트에요.

A : 우선 진정하세요.
아파트 몇 동 몇 호에서 불이 났습니까?
B : 2003동이고, 9~10층 정도입니다.

A : 불꽃이나 연기가 보이십니까?
B : 불꽃은 보이지 않지만 연기가 많이 납니다.

A : 지금 소방차를 출동시킬 테니, 관리사무실에 연락해 주십시오.
B : 네, 알겠습니다. 빨리 오세요.

emergency 비상사태, 긴급, 위급
fire 불, 화재
first of all 우선
calm down 진정하다
located ~에 위치한
be located 위치해 있다
flame 불길, 불꽃
smoke 연기
a lot of 많은
fire engine 소방차
apartment manager 아파트 관리인
hurry 서두르다, 급히 하다

기출PLUS

② 공장 화재(Fire in the Factory)

A : Hello, this is the Goyang Fire Department.
What is your emergency?
B : There is fire at the factory.

A : Please, calm down. What is the name of the factory?
Do you know address?
B : It's the Munwha Industry.
I don't know the exact address but it is near the Gusan IC (interchange).

A : What kind of factory is it?
Are there any explosive materials inside the factory?
B : It is a furniture factory. There is some volatile materials inside the factory.

A : Are there people inside the factory?
B : Yes, four people are in the dormitory.

A : The fire engine will be there in 5 minutes.
Please, evacuate all the people first and answer the phone this number when we call back.
B : Okay, please hurry.

기출PLUS

A : 고양소방서입니다.
무엇을 도와드릴까요?
B : 공장에서 불이 났어요.

A : 진정하시고 공장 이름이 무엇입니까?
주소를 아시나요?
B : 문화산업입니다.
정확한 주소는 잘 모르고 구산 나들목 근처입니다.

A : 무엇을 만드는 공장입니까?
공장내부에 폭발물질이 있습니까?
B : 가구를 만드는 공장이고, 공장내부에 휘발성 물질이 약간 있습니다.

A : 공장 내부에 사람이 있습니까?
B : 네, 기숙사에 4명이 있습니다.

A : 5분 정도면 소방차가 도착합니다.
우선 사람들부터 대피시켜 주시고, 지금 이 번호로 전화 드리면 꼭 받아 주십시오.
B : 네, 빨리 오세요.

PLUS TIP

fire department 소방서
factory 공장
address 주소
exact 정확한, 정밀한
near 가까운
what kind of 어떤(종류의)
explosive material 폭발물
inside ~의 안에
furniture 가구
volatile material 휘발성 물질
dormitory 기숙사
evacuate 대피시키다, 떠나다, 피난하다
answer the phone 전화를 받다
call back 다시 전화를 하다

기출PLUS

기출 2020

Wildfires have devastated Australia.

산불은 호주를 완전히 파괴했다.

③ 산불(Forest Fire)

A : Goyang Fire Department. What is your emergency?

B : There is a fire on the mountain.

A : Where is the location of the fire?

B : It is at the Simhak Mountain near the pajubookcity.

A : Which part of the mountain is on fire?

B : I don't know exactly, but I think it's the middle of the mountain.

A : Do you see a lot of smoke?

B : Yes, and the flames spread quickly.
I think the flames covered the whole mountain.

A : Okay, we will send a fire engine right now.
When you hear the sirens, please direct them to your location.

B : Okay, hurry please.

기출PLUS

A : 고양소방서입니다. 무엇을 도와드릴까요?
B : 여기 산불이 났어요.

A : 불이 난 곳 위치가 어떻게 되나요?
B : 여기 파주출판도시 부근에 있는 심학산이에요.

A : 몇 부 능선에서 산불이 났는지 확인이 되시나요?
B : 정확히는 모르겠지만, 산중턱쯤인 것 같아요.

A : 연기가 많이 발생하나요?
B : 네, 그리고 불길이 빠르게 번지고 있어요.
불길이 온 산을 뒤덮을 것 같아요.

A : 알겠습니다. 지금 소방차를 보내겠습니다.
사이렌 소리가 들리면 안내 좀 부탁드립니다.
B : 네, 빨리 오세요.

PLUS TIP

forest fire(=a fire on the mountain) 산불
location 장소, 위치
the middle of the mountain 산 중턱
spread 퍼지다, 확산되다
right now 지금 곧
siren 사이렌
direct 안내하다, 알려주다

기출PLUS

기출 2019

A : What is the address of your apartment, sir?

B : I don't know. I can't think of anything!

A : 아파트 주소가 어떻게 되십니까?

B : 모르겠어요. 아무것도 생각할 수 없어요!

기출 2019

A : Is there anyone else in your apartment with you?

B : Just my two cats.

A : 아파트에 당신과 같이 있는 사람 또 있습니까?

B : 제 고양이 두 마리뿐이에요.

④ 어린이 신고(Reported by Child)

A : This is 119. What is your emergency?

B : There was a fire in my house.

A : Okay, kid, First of all calm down.
Do you know your home address?

B : Oh, I can't think of anything all of a sudden.

A : Okay. Did you evacuate your house?

B : Yes.

A : Is there tall building around you?

B : Yes, I can see a sign for Jeongbalsan gas station up ahead.

A : That's good. Is there anyone inside your house?

B : No.

A : We will send a fire engine right now.

B : Okay, hurry please.

기출PLUS

A : 119입니다. 무엇을 도와드릴까요?
B : 우리 집에 불이 났어요.

A : 그래, 얘야, 우선 침착하고.
집 주소를 알고 있니?
B : 아, 갑자기 아무 생각이 안나요.

A : 괜찮아. 너는 집에서 나왔니?
B : 네.

A : 주변에 큰 건물이 있니?
B : 네, 저 앞에 정발산 주유소 표지판이 보여요.

A : 좋아. 집에 남아있는 사람이 있니?
B : 아니오.

A : 지금 소방차를 보내줄게.
B : 네, 빨리 오세요.

PLUS TIP

anything 무엇, 아무것
sudden 갑작스러운
tall building 큰 건물, 고층건물
around 주위에, 근처에
sign 징후, 표시, 표지판
gas station(=filling station) 주유소
up ahead 앞쪽에
That's good 좋아, 잘했어
anyone 누구, 아무

기출PLUS

⑤ 외국인 신고(Reported by Foreigner)

A : Hello, this is the Goyang Fire Department.
What is your emergency?
B : There was a fire at a dormitory in factory.

A : Can you speak Korean?
B : No, I can't.

A : Are they any Korean around? Let me talk to them.
B : No, there are no Korean around me.

A : Okay. Do you know what the factory address?
B : I don't know exact address but it is the dormitory in Seowon chemical factory.

A : That' okay. Did people inside the dormitory evacuate?
B : Yes, everybody evacuated.

A : Do you see flames or smoke?
B : I see huge flames coming out of windows, and there's a lot of smoke.
The dormitory is wooden building, hurry please.

A : Fire engine are on their way.
Calm down, when you hear the sirens, please direct them to your location.
B : Yes.

기출PLUS

A : 고양소방서입니다.
무엇을 도와드릴까요?
B : 공장 기숙사에서 불이 났어요.

A : 한국말을 할 수 있습니까?
B : 아니오, 못해요.

A : 주변에 한국인이 있나요? 있으면 바꿔 주십시오.
B : 아니오. 제 주위에 한국인은 없는데요.

A : 알겠습니다. 공장 주소를 아십니까?
B : 정확한 주소는 모르겠고, 서원화학 기숙사입니다.

A : 좋습니다. 기숙사 안에 있는 사람들은 모두 대피 했나요?
B : 네, 모두 대피 했습니다.

A : 불꽃이나 연기가 보이십니까?
B : 큰 불꽃이 창밖으로 나오고 있고 연기가 많이 납니다.
기숙사가 목조건물이에요, 서둘러 주세요.

A : 소방차가 출동 중입니다.
침착하시고, 사이렌이 들리면 안내 부탁드립니다.
B : 네.

PLUS TIP

chemical 화학의
huge 막대한, 거대한
come out 나오다
wooden building 목조건물
on one's way ~하는 중에

Speed Check 04 화재신고 접수

1 한국말을 할 수 있습니까?

Can you (   ) Korean?

2 불꽃이나 연기가 보이십니까?

Do you see (   ) or smoke?

3 연기가 많이 납니다.

There is (   ) smoke.

4 무엇을 만드는 공장입니까?

(   ) factory is it?

5 공장내부에 폭발물질이 있습니까?

Are there any (   ) materials inside the factory?

6 산불이 사방으로 번졌다.

The (   ) fanned out in all directions.

7 갑자기 아무 생각이 안나요.

I can't think of anything all of a (   ).

8 너는 집에서 탈출했니?

Did you ( ) your house?

9 기숙사 안에 있는 사람들은 모두 대피 했나요?

Did people inside the ( ) evacuate?

10 소방차가 출동 중입니다.

Fire engine are on their ( ).

11 화재신고 상황과 관계없는 대화는?

① A : A fire engine will be there soon. Call the apartment manager, please.
B : Okay, I got it. Hurry please.

② A : If you can, throw a rope or tree branch to your friend.
B : Okay.

③ A : Which part of the mountain is on fire?
B : I don't know exactly, but I think it's the middle of the mountain.

④ A : Are there any explosive materials inside the factory?
B : There is some volatile materials inside the factory.

12 외국인의 화재신고 상황에서만 나올 수 있는 질문은?

① Is there tall building around you?

② Do you know address?

③ Are they any Korean around?

④ Do you have a fire insurance?

ANSWER

1 speak **2** flames **3** a lot of **4** What kind of **5** explosive **6** forest fire **7** sudden **8** evacuate
9 dormitory **10** way **11** ② **12** ③

기출PLUS

기출 2020

A : Can you explain exactly what happened?

B : Yes, she was hit by a car! I think her leg is broken.

A : 무슨 일이 있었는지 정확히 설명해 주실 수 있습니까?

B : 네, 그녀가 차에 치였어요! 제 생각에 그녀의 다리가 부러진 것 같아요.

section 2 사고신고 접수

① 교통사고(Car Accident)

A : Goyang Fire Department. What is your emergency?

B : There has been a car accident.

A : Where is the location of the accident?

B : Somewhere in Ilsan. But I don't know exactly where.

A : Can you see any signs?

B : There is a sign for Lake-park.

A : Tell me all the signs that you can read there.

B : It says Lake-park, Ilsan Police Department and IlsanDong-gu Office.

A : Okay, I see. How did the accident occur?

B : The car collided with the truck.

A : Is there anyone stuck in the car?

B : I don't know.

A : I got it. We will send a rescue team and an ambulance right away.

B : Hurry please.

기출PLUS

A : 고양소방서입니다. 무엇을 도와드릴까요?
B : 교통사고가 났습니다.

A : 교통사고 난 곳이 어디입니까?
B : 일산인데 정확히 어딘지는 잘 모르겠습니다.

A : 주위에 이정표가 보이시나요?
B : 호수공원 이정표가 있습니다.

A : 읽으실 수 있는 이정표는 모두 말씀해 주십시오.
B : 호수공원, 일산경찰서, 일산동구청이 있습니다.

A : 네, 알겠습니다. 사고가 어떻게 났습니까?
B : 승용차와 트럭이 충돌했습니다.

A : 차 안에 사람이 갇혀 있나요?
B : 잘 모르겠습니다.

A : 알겠습니다. 구조대와 구급차를 지금 보내겠습니다.
B : 서둘러 주세요.

car accident 자동차 사고
somewhere 어딘가
police department 경찰서
occur 일어나다, 발생하다
collide 충돌하다, 부딪치다
stuck 움직일 수 없는, 갇힌
rescue 구하다, 구조하다
ambulance 구급차
right away 즉시, 곧바로

기출PLUS

기출 2018

A : Where did the accident occur exactly?

B : Near Nam San Tower.

A : 사고가 난 곳이 어딥니까?

B : 남산 타워 근처에요.

② 산악사고(Accident in the Mountain)

A : Goyang Fire Department. What is your emergency?

B : My wife was injured while hiking down and now she can't move at all.

A : Where are you now?

B : We are in the Bukhan Mountain.

A : Which side of the Bukhan Mountain did you hike?

B : We are 30 minutes up from Gupabal side.

A : What did she get injured?

B : She sprained her ankle and can't move.

A : Is your phone number 010-111-2222?

B : Yes, that's right.

A : Please guide the rescue team when they call to you.

B : Okay, hurry please.

기출PLUS

A : 고양소방서입니다. 무엇을 도와드릴까요?
B : 아내가 산에서 내려오다가 다쳐서 움직이지 못하고 있어요.

A : 지금 계신 곳이 어디십니까?
B : 북한산이에요.

A : 북한산 어느 쪽으로 올라가셨나요?
B : 구파발 쪽으로 해서 30분 정도 올라갔어요.

A : 아내 분은 어디가 다치셨습니까?
B : 발목이 삐어서 움직이지를 못하네요.

A : 전화번호가 010-111-2222가 맞습니까?
B : 네, 맞습니다.

A : 구조대가 가면서 전화 드리면 안내 좀 해 주십시오.
B : 알겠습니다. 빨리 오세요.

PLUS TIP

accident in the mountain 산악사고
injure 부상을 입다, 해치다
hiking 하이킹, 도보여행
at all 전혀
sprain 삐다, 접지르다
ankle 발목
guide 안내

기출PLUS

③ 수난사고(Water Accident)

A : Hello, 119.

B : My friend fell into river.

A : Where are you now?

B : We are at the Hantan liver.

A : Where exactly are you at the Hantan liver?

B : We are next to the bungee jumping place.

A : Are you able to see your friend?

B : No, my friend was swept away in the strong current.

A : We are leaving now.
If you can, throw a rope or tree branch to your friend.
But do not go in the water.

B : Okay, hurry.

기출PLUS

A : 여보세요, 119입니다.
B : 친구가 강에 빠졌어요.

A : 지금 계신 곳이 어디십니까?
B : 한탄강이에요.

A : 정확히 한탄강 어디쯤이시죠?
B : 번지점프 하는 곳 옆이에요.

A : 친구 분이 보이십니까?
B : 아니요, 커다란 물살에 휩쓸려 갔어요.

A : 지금 출동하겠습니다.
로프나 나뭇가지가 있으면 친구 분에게 던져 주시고,
물에는 함부로 들어가지 마세요.
B : 알겠습니다, 빨리 오세요.

PLUS TIP

water accident 수난사고
fall into a river 강에 빠지다
next to 바로 옆에
be swept away 휩쓸리다.
current 흐름, 해류, 기류
throw 던지다, 내던지다
rope 밧줄, 로프
branch 나뭇가지

기출PLUS

기출 2018

A : Is she conscious? Keep talking to her and wait for the rescue team.

B : Okay.

A : 그녀가 의식이 있습니까? 그녀와 계속 이야기하면서 구조팀을 기다리세요.

B : 알겠습니다.

④ 추락사고(Falling Accident)

A : Goyang Fire Department.

B : Somebody fell into a manhole.

A : Where is the manhole located?

B : It's at a road construction site, in the Byeoksan apartment intersection.

A : How deep is the manhole?

B : I don't know exactly.
But looks like it's about 9~10 meters deep.

A : Is he/she conscious?

B : I'm not sure, but I think he/she is conscious.

A : We are leaving immediately.
Please talk to that person continuously, so he/she will remain conscious.

B : Okay.

기출PLUS

A : 고양소방서입니다.
B : 사람이 맨홀에 빠졌어요.

A : 맨홀이 있는 위치가 어디입니까?
B : 벽산 아파트 4거리 도로공사 현장이에요.

A : 맨홀 깊이가 얼마나 됩니까?
B : 정확히는 모르겠고,
대략 9~10m 정도 돼 보입니다.

A : 의식이 있어 보이나요?
B : 확실하지는 않은데 의식은 있는 것 같아요.

A : 지금 출동하겠습니다.
의식을 잃지 않도록 그 분에게 계속 말을 걸어 주세요.
B : 알겠습니다.

PLUS TIP

falling accident 추락사고
fall into ~에 빠지다
manhole 맨홀
road 도로, 거리
construction 건설, 공사
site 위치, 현장
intersection 교차로, 교차지점
deep 깊은
look like ~인 것처럼 보이다
about 대략, 거의
conscious 의식이 있는
sure 확신하는, 확실히 아는
leave 떠나다, 출발하다
immediately 즉시, 즉각
continuously 계속해서, 연속적으로
remain 계속 ~있다, 남다

기출PLUS

⑤ 기계사고(Machine Accident)

A : Hello, 119. What is your emergency?

B : We are at work and worker's hand got stuck in the presser.

A : Where are your location?

B : Seowon Industry in Gajwa-dong, Ilsanseo-gu.

A : Is he/she injured badly?

B : I don't know, but he is in great pain.

A : First, turn off the power to the machine.
Call someone who knows the machine well.

B : Okay, I already turned it off.

A : If you pull the worker's hand, his/her wound can more serious than that.

B : Okay.

A : We are leaving now.

B : Yes, hurry please.

기출PLUS

A : 119입니다. 무엇을 도와드릴까요?
B : 작업장인데요, 프레스기에 직원 손이 끼었어요.

A : 어디신가요?
B : 일산구 가좌동에 있는 서원산업이에요.

A : 많이 다쳤나요?
B : 잘은 모르겠지만 매우 고통스러워합니다.

A : 우선 기계 전원부터 차단시켜 주시고,
기계에 대해 잘 아시는 분을 불러 주십시오.
B : 네, 기계는 이미 껐습니다.

A: 손을 잡아당기시면, 부상이 지금보다 더 심해질 수 있습니다.
B: 알겠습니다.

A : 지금 출동하겠습니다.
B : 네, 빨리 오세요.

PLUS TIP

machine accident 기계사고
worker 노동자
presser 프레스기, 압착기
industry 산업, 제조업
badly 심한, 나쁜, 서투른
pain 아픔, 고통
turn off 끄다, 벗어나다, 잠그다
already 이미, 벌써
wound 부상, 상처
serious 심각한

기출PLUS

⑥ 붕괴사고(Collapse Accident)

A : Hello, 119.
B : This is the Jeodong department store. The building has collapsed.

A : Are you inside a building?
B : Yes.

A : Can you come out?
B : No, all exits are broken down.

A : Where and what floor are you in the building?
B : I'm in a corner of the men's dress shoes department, on 3rd floor.

A : Stay calm and follow my instructions until the rescue team arrive, please.
B : Okay.

A : Do not try to move too much. And avoid wasting strength unnecessarily.
Wait in a safe place for the rescue team.
When the rescue teams arrive, yell or make noises with a pipe.
B : I see.

A : Wait a little while and rescuers will arrive shortly.
B : Hurry, please.

기출PLUS

A : 119입니다.
B : 여기는 저동백화점인데요, 백화점이 무너졌어요.

A : 지금 백화점 안이신가요?
B : 네.

A : 나오실 수 있으세요?
B : 아니요, 출구가 다 무너졌어요.

A : 건물의 어디쯤이죠?
B : 3층 신사화 코너 옆이에요.

A : 침착하시고 구조대가 도착할 때까지 제 지시를 따르세요.
B : 네.

A : 무리하게 움직이지 마시고, 불필요한 체력 소모를 피하세요.
안전한 곳에서 구조대를 기다리세요.
구조대가 도착하면 소리를 지르거나 파이프 등을 사용하여 소리를 내세요.
B : 알겠습니다.

A : 조금만 기다리시면 구조대원이 도착합니다.
B : 서둘러 주세요.

collapse 붕괴되다, 무너지다
department store 백화점
break down 고장나다
stay calm 차분함, 침착함을 유지하다
follow 따르다, 따라가다
instruction 설명, 지시
arrive 도착하다
avoid 방지하다, 피하다
strength 힘, 기운
unnecessarily 불필요하게, 쓸데없이
yell 고함치다, 소리를 지르다
make a noise 소리를 내다, 소란을 피우다
shortly 얼마 안 돼, 곧

Speed Check 04 사고신고 접수

1 교통사고가 났습니다.

There has been a ( ).

2 주위에 이정표가 보이시나요?

Can you see any ( )?

3 사고가 어떻게 났습니까?

How did the accident ( )?

4 발목이 삐어서 움직이지를 못하네요.

She ( ) her ankle and can't move.

5 친구가 강에 빠졌어요.

My friend ( ) into river.

6 맨홀 깊이가 얼마나 됩니까?

How ( ) is the manhole?

7 즉시 출동하겠습니다.

We are leaving ( ).

8 프레스기에 직원 손이 끼었어요.

Worker's hand got ( ) in the presser.

9 많이 다쳤나요?

Is he injured ( )?

10 우선 기계 전원부터 꺼주세요.

First, ( ) the power to the machine.

11 사고신고 상황과 관계없는 대화는?

① A : Where is the location of the accident?
B : Somewhere in Ilsan. But I don't know exactly where.

② A : Is there anyone stuck in the car?
B : I don't know.

③ A : Please guide the rescue team when they call to you.
B : Okay, hurry please.

④ A : Is there any possibility of a landslide?
B : No, my house stood on a flatland.

12 기계에 손이 끼인 사고 상황에서 할 수 있는 조언은?

① Turn on the power to the machine.

② Call someone who knows the machine well.

③ Do not go in the water.

④ Use a clean towel and wash his body with warm water.

ANSWER

1 car accident **2** signs **3** occur **4** sprained **5** fell **6** deep **7** immediately **8** stuck **9** badly
10 turn off **11** ④ **12** ②

기출PLUS

section 3 구급신고 접수

① 사고부상(Accident Injury)

A : Hello, 119. How may I help you?

B : We are at Daewha High school.
My friend has broken his leg while playing soccer.

A : Where is the exact location?

B : We are at the infirmary of Daewha High school in Daewha-dong.

A : Aren't there any teachers about?

B : He/She is not in the office right now.

A : I got it. We will send an ambulance right away.
Moving might worsen the injury, stay still.

B : Okay, hurry.

기출PLUS

A : 119입니다. 무엇을 도와드릴까요?
B : 여기 대화고등학교인데요.
친구가 축구하다가 다리가 부러졌어요.

A : 위치가 정확히 어떻게 되나요?
B : 대화동에 있는 대화고등학교 양호실이에요.

A : 근처에 아무 선생님이나 안 계세요?
B : 잠시 자리를 비우셨어요.

A : 알겠다. 구급차를 바로 보내드리겠습니다.
움직이면 부상이 악화될 수 있으니, 그대로 있으세요.
B : 네, 빨리 보내 주세요.

PLUS TIP

accident injury 사고부상
broken 깨진, 부러진
leg 다리
infirmary 병원, 양호실
keep calm 평정을 유지하다

기출PLUS

② 임산부(Pregnant Woman)

A : 119. What can I do for you?
B : I am pregnant and I am in terrible pain.

A : What is your address?
B : 2000-222 Haetbit Maeul 20 Danji Apt., Haengsin3-dong, Deogyang-gu.

A : When is your baby due?
B : Next week.

A : Has your water broken?
B : Yes.

A : And are you bleeding, too?
B : Yes.

A : Okay. We will send an ambulance immediately.
B : Thanks, hurry.

기출PLUS

A : 119입니다. 무엇을 도와드릴까요?
B : 임산부인데 배가 너무 아픕니다.

A : 주소가 어떻게 되시죠?
B : 덕양구 행신3동 햇빛마을 20단지 2000동 222호예요.

A : 출산 예정일이 언제십니까?
B : 다음 주요.

A : 양수가 터졌습니까?
B : 네.

A : 하혈도 있나요?
B : 네.

A : 알겠습니다. 바로 구급차를 보내드리겠습니다.
B : 네, 빨리 보내 주세요.

PLUS TIP

pregnant woman 임산부
terrible 끔찍한, 심한
When is your baby due 출산 예정일이 언제입니까
bleed 피를 흘리다, 출혈하다

기출PLUS

③ 유아사고(Infant Accident)

A : 119. What can I do for you?

B : My baby has a high fever and can't breathe well.

A : How old is your baby?

B : 10 months.

A : Are baby's eyes turned up or to the side?
Has the baby's body stiffened?

B : No.

A : Okay, we will send you an ambulance right away.
What is your address?

B : I am at 698-3, Tanhyeon-dong, Ilsanseo-gu. Please, hurry.

A : First, calm down.
Use a clean towel and wash your baby's body with warm water.

B : I got it.

기출PLUS

A : 119입니다. 무엇을 도와드릴까요?
B : 아기가 열이 나고 숨을 잘 못 쉽니다.

A : 아기가 몇 살이죠?
B : 10개월입니다.

A : 혹시 아이 눈이 돌아가거나 몸이 경직되었습니까?
B : 아니요.

A : 알겠습니다. 구급차를 바로 보내드리겠습니다.
주소가 어떻게 되시죠?
B : 여기 일산서구 탄현동 698-3번지에요. 빨리 보내 주세요.

A : 일단 침착하시고.
깨끗한 수건을 이용하여 미지근한 물로 아기의 몸을 닦아 주고 계세요.
B : 알겠습니다.

infant 유아, 아기
fever 열, 열병
breathe 호흡하다, 숨을 쉬다
stiffen 뻣뻣해지다, 경직되다
warm 따뜻한

기출PLUS

④ 약물복용(Drug Overdose)

A : Hello, 119. How may I help you?

B : I think my friend is overdosed.

A : Where are you?

B : A-1001 Brown Stone Officetel, Baekseok-dong.

A : What kind of pills he/she take?

B : I don't know.

A : There must be a medicine bottle near the patient.
Try to find it.

B : Yes, I found it.
It looks like sleeping pills.

A : How long has it been since he/she took the pills?

B : No. I don't know.

A : Okay. We will send an ambulance immediately.

B : Hurry, please.

기출PLUS

A : 119입니다. 무엇을 도와드릴까요?
B : 친구가 약을 먹은 것 같아요.

A : 지금 계신 곳이 어디십니까?
B : 백석동에 있는 브라운스톤 오피스텔 A동 1001호에요.

A : 무슨 약을 먹었습니까?
B : 잘 모르겠어요.

A : 환자분 근처에 있는 약병이 있을 겁니다.
찾아 봐 주십시오.
B : 네, 찾았어요.
수면제 같아요.

A : 약을 먹은 지 얼마나 됐는지 아십니까?
B : 아니요. 모르겠어요.

A : 알겠습니다. 즉시 구급차를 보내겠습니다.
B : 서둘러 주십시오.

PLUS TIP

drug 약물, 마약
overdose 과다복용
pill 알약
medicine bottle 약병
patient 환자
try 노력하다, 시도하다
find 찾다
sleeping pill 수면제

기출PLUS

기출 2020

Cardiopulmonary resuscitation (CPR) is for people whose hearts or breathing has stopped.

심폐소생술(CPR)은 심장이나 호흡이 멈춘 사람을 위한 것이다.

⑤ 심폐소생술(CPR : Cardiopulmonary Resuscitation)

A : This is 119. What is your emergency?

B : Some man fell down suddenly while grabbing his chest.

A : Where is the location?

B : I'm in the Ilsan Lake-park.

A : Is he conscious?

B : No, he lost consciousness.

A : Is he breathing?

B : No, he stopped breathing.

A : Check the patient's heartbeat.

B : I think his heart stopped beating.

A : Do you know how to do CPR(Cardiopulmonary Resuscitation)?

B : No, I don't

A : Then, calm down. Follow my direction until the paramedics arrive.

B : Okay.

기출PLUS

A : 119입니다. 무엇을 도와드릴까요?
B : 한 남자가 가슴을 움켜쥐고 갑자기 쓰러졌어요.

A : 위치가 어떻게 되십니까?
B : 여기 일산 호수공원입니다.

A : 환자분 의식은 있으십니까?
B : 아니요, 의식이 없습니다.

A : 숨은 쉬고 있나요?
B : 아니요, 숨을 안 쉬어요.

A : 환자분 심장박동을 확인해 보세요.
B : 심장이 멈춘 것 같아요.

A : 심폐소생술을 할 줄 아십니까?
B : 아니오.

A : 그러면 진정하시고, 구급대가 출동할 동안 제 지시에 따르세요.
B : 네.

cardiopulmonary resuscitation(CPR) 심폐소생술
fall down 쓰러지다, 떨어지다
grab 붙잡다, 움켜쥐다
lost 잃어버리다, 분실하다
consciousness 의식
heartbeat 심장박동, 심박
direction 지시, 명령, 방향
paramedic 긴급의료원, 구급대

기출PLUS

A : First of all, place the heel of the hand in the center of the patient's chest, between the nipples. At this point, do not let the hand touch the ribs.

B : Okay.

A : And place your other hand on top of the hand. Stretch out your arms, push straight down to compress the patient's chest at a depth of about 4~5㎝, and then stop applying pressure.

B : Okay.

A : Perform 30 chest compressions per minute. Do not take hands away from the chest during the procedure.

B : Okay.

A : Every time you complete 30 chest compressions, administer two rescue breaths.

B : I don't know how to do it.

A : Tilt back the patient's head to open the airway, pinch the nose and give a breath.

B : I see.

기출PLUS

A : 우선 한 손 손꿈치 중앙을 환자분 양쪽 젖꼭지 사이의 흉부 중앙에 놓으세요. 이 때 손가락이 갈비뼈에 닿지 않도록 주의하시고요.

B : 네.

A : 그리고 다른 손으로 그 손을 덮어주세요. 팔을 쭉 펴시고, 수직으로 약 4~5㎝ 정도 환자분 가슴을 눌러 준 다음 힘을 뺍니다.

B : 네.

A : 1분에 30번 정도 가슴을 눌러 주시고요. 이 때 환자분 가슴에서 양손을 떼지 마십시오.

B : 네.

A : 30회 흉부압박이 끝날 때마다 환자분에게 두 번씩 숨을 불어 넣으세요.

B : 어떻게 하는지 모르겠어요.

A : 환자분 머리를 뒤로 젖히고 기도를 확보한 후, 환자의 코를 잡고 숨을 불어 넣으면 됩니다.

B : 알겠습니다.

heel of the hand 손꿈치
nipple 젖꼭지
at this point 이때에, 현 시점에서
rib 갈비, 늑골
stretch 늘이다, 펴다
push down 누르다, 밀어내리다
compress 압축하다, 꾹 누르다
apply 신청하다, 적용하다, 누르다
pressure 압박, 압력
perform 수행하다, 실시하다, 공연하다
take away from ~으로부터 벗어나다
during ~동안, ~중에
procedure 절차, 수순
administer 관리하다, 투여하다, 가하다
tilt 기울다, 젖혀지다
airway 기도
pinch 꼬집다, 꼭 집다, 죄다

기출PLUS

A : Is he breathing now?

B : No, not yet.

A : When the patient starts to breathe or cough or move, immediately stop chest compressions, and monitor breathing.

Unless the patient is breathing, continue mouth to mouth resuscitation until the patient is breathing on his own.

B : Okay, hurry please.

기출PLUS

A : 이제 환자분이 숨을 쉬십니까?

B : 아니요, 아직요.

A : 환자의 호흡이나 기침 또는 움직임이 있을 때에는 흉부압박을 즉시 중지하고 호흡을 확인해 주세요. 호흡이 없으면 환자가 스스로 호흡 할 때까지 구강대구강 호흡을 계속해 주십시오.

B : 네. 빨리 와 주세요.

PLUS TIP

not yet 아직 ~않다
cough 기침하다
monitor 관찰하다, 감시하다
unless ~하지 않는 한
mouth to mouth resuscitation 구강대구강 인공호흡
on one's own 혼자서, 단독으로

Speed Check 04 구급신고 접수

1 무엇을 도와드릴까요?

How may I (   ) you?

2 친구가 축구하다가 다리가 부러졌어요.

My friend has (   ) his leg while playing soccer.

3 출산 예정일이 언제십니까?

When is your baby (   )?

4 양수가 터졌습니까?

Has your (   ) broken?

5 하혈도 있나요?

Are you (   ), too?

6 유아사고

(   ) Accident

7 아기가 열이 높습니다.

My baby has a high (   ).

8 아이 몸이 경직되었습니까?

Has the baby's body (   )?

9 친구가 약을 먹은 것 같아요.

I think my friend is (   ).

10 약을 먹은 지 얼마나 됐는지 아십니까?

How (   ) has it been since she took the pills?

11 약물복용 사고와 가장 거리가 먼 것은?

① overdose
② a medicine bottle
③ backache
④ sleeping pills

12 임산부에게 물을 수 있는 질문으로 가장 거리가 먼 것은?

① When is your baby due?
② Are you blooding, too?
③ How much do your baby's weigh?
④ Has your water broken?

ANSWER

1 help **2** broken **3** due **4** water **5** bleeding **6** Infant **7** fever **8** stiffened **9** overdosed
10 long **11** ③ **12** ③

기출PLUS

기출 2018

A : This is 119.
What is your emergency?

B : All the bridges around my town are flooded. I am completely isolated.

A : 119입니다.
무슨 일이십니까?

B : 우리 마을 주변의 모든 다리들이 물에 잠겼어요. 나는 완전히 고립됐어요.

section 4 재난신고 접수

① 집중호우(Torrential Rainfall)

A : Hello, 119. How may I help you?

B : It is pouring rain here. We can't move at all.

A : Calm down. where is your location?

B : 550 in Jugyo-dong, Deogyang-gu.

A : Do you have water getting into the house?

B : No, not yet. But the water level is rising.

A : Is there any possibility of a landslide?

B : No, my house stood on a flatland.

A : Our rescue team will leave now, but it will take some time due to bad traffic conditions.

B : Okay.

A : First, turn off all electrical breakers and gas valves. And listen carefully to your TV or radio for updated weather conditions.

B : Yes.

A : The 119 team is on the way.
You might have to evacuate. Please be prepared.

B : I see. hurry please.

기출PLUS

A : 119입니다. 무엇을 도와드릴까요?
B : 비가 너무 많이 와서 움직일 수가 없어요.

A : 진정하시고 위치가 어디쯤이시죠?
B : 덕양구 주교동 550번지요.

A : 집 안으로 물이 많이 들어오나요?
B : 아니요, 아직은 괜찮은데 물이 계속 늘어나요.

A : 혹시 산사태의 가능성은 없으십니까?
B : 아니요, 저희 집은 평지에 있어요.

A : 구조대가 지금 출동하겠습니다. 그런데 현재 교통이 혼잡해서 시간이 좀 걸리겠네요.
B : 알겠습니다.

A : 일단 전기차단기를 내리고 가스밸브는 잠가 주세요.
그리고 TV나 라디오에서 하는 기상상황을 잘 들으세요.
B : 네.

A : 구조대가 출동했습니다.
대피해야 할 수도 있으니 준비해주세요.
B : 알았습니다. 빨리 와 주세요.

PLUS TIP

torrential rainfall 집중호우
pour 붓다, 마구 쏟아지다
get into ~에 들어가다, ~에 도착하다
landslide 산사태
flatland 평지
take time 시간이 걸리다
due to ~때문에, ~인하여
traffic conditions 교통상황
electrical breaker 전기차단기
carefully 주의하여, 신중히
update 갱신하다, 가장 최근의 정보를 알려주다
weather conditions 기상조건
prepared 준비가 된

기출PLUS

② 태풍(Typhoon)

A : Goyang Fire Department.
What is your emergency?
B : I don't know what to do in typhoon.

A : Where are you?
B : 1234 Pung-dong.

A : Is water getting into the house?
B : No.

A : Okay. Stay calm and follow my instructions, please.
B : Okay.

A : Move objects that might be blown away, into the house.
And turn off all water, gas valves and electrical breakers.

A : Pay attention to the weather conditions through a TV or internet.
And secure all doors before you evacuate.
B : I see.

A : If you have more questions, call 119 again.
B : Thank you.

기출PLUS

A : 고양소방서입니다.
무엇을 도와드릴까요?
B : 태풍 때문에 어떻게 해야 할지 몰라서요.

A : 지금 어디시죠?
B : 풍동 1234번지요.

A : 집안으로 물이 들어오나요?
B : 아니요.

A : 알겠습니다. 진정하시고 제 지시를 따라 주세요.
B : 네.

A : 날아갈 위험이 있는 물건은 집 안으로 옮겨 주세요.
그리고 가스밸브와 수도를 잠그고, 전기차단기를 내려 주세요.

A : TV나 인터넷을 통해 기상상황을 알아 두세요.
그리고 대피할 때는 문단속을 잘 하십시오.
B : 알겠습니다.

A : 더 궁금하신 점이 있으시면 119로 전화 주십시오.
B : 감사합니다.

PLUS TIP

typhoon 태풍
object 물체, 물건
blow 불다, 바람에 날리다
pay attention to ~에 유의하다, ~에 주목하다
through ~을 통해
secure 고정시키다, 단단히 보안 장치를 하다
question 의문, 질문

기출PLUS

③ 지진(Earthquake)

A : Goyang Fire Department.
What is your emergency?
B : This is Pung-dong, I think we are having an earthquake here.

A : Where is the exact location?
Are you inside a building?
B : 1234 Pung-dong. I'm in house now.

A : Okay. Stay calm and follow my instructions, please.
First, please have doors kept open.
The door might be twisted and you might not be able to open it later.
And seek shelter under a strong desk or inside a bathroom tub.
Protect and cover your head with a bag or cushion when you move.
B : Yes. I got it.

A : There is a shelter at Pungdong Middle School.
B : Okay.

기출 2019

Please follow the instructions I gave you.

제가 당신에게 드린 지시를 따라주십시오.

기출PLUS

A : 고양소방서입니다.
무엇을 도와드릴까요?
B : 여기 풍동인데요, 지금 지진이 나는 것 같아요.

A : 지금 계신 곳이 정확히 어디신가요?
건물 안인가요?
B : 풍동 1234번지요. 집 안에 있어요.

A : 알겠습니다. 진정하시고 제 지시를 따라 주세요.
우선, 문을 빨리 열어놔 주세요.
나중에 문이 뒤틀려서 열리지 않을 수도 있습니다.
그리고 튼튼한 책상 밑이나 욕실로 피해 계십시오.
이동하실 때는 가방이나 방석으로 머리를 보호하고 움직이세요.
B : 네, 알겠습니다.

A : 풍동중학교에 대피소가 있습니다.
B : 알겠습니다.

PLUS TIP

earthquake 지진
twisted 뒤틀린, 일그러진
be able to ~할 수 있다
later 나중에, 후에
seek 찾다, 구하다
shelter 대피처
bathroom 욕실
protect 보호하다, 지키다
cover 씌우다, 덮다
cushion 쿠션, 방석

기출PLUS

④ 해일(Tidal Waves)

A : This is 119.

B : I heard a tidal waves warning. What do I have to do?

A : Where are you now?

B : I'm at Jeju coast.

A : How far do you think it is from the sea?

B : I think It's about 1km.

A : In that case, you are in a dangerous area.
You need to evacuate.

B : Where do I need to go?

A : First of all, you need to calm down.
Lock all your doors and windows, and go to a shelter in downtown.

B : Yes.

A : And don't forget to lock all gas valves, and turn off electrical breakers before evacuation.

B : Okay.

기출PLUS

A : 119입니다.
B : 해일경고를 들었는데, 어떻게 해야 하나요?

A : 현재 계신 곳이 어딥니까?
B : 제주 해안에 있습니다.

A : 바다에서 얼마나 떨어져 있습니까?
B : 대략 1킬로 정도 같은데요.

A : 그렇다면 위험지역에 계십니다.
대피하셔야 합니다.
B : 어디로 가야 하나요?

A : 일단 진정하세요.
모든 문과 창문을 잠그시고, 시내에 있는 대피소로 이동하세요.
B : 네.

A : 대피하시기 전에 가스밸브를 잠그시고 전기차단기를 내리는 것을 잊지 마세요.
B : 알겠습니다.

tidal wave 해일
warning 경고, 주의
coast 해변, 해안지방
How far ~? (거리가)얼마나 멉니까
in that case 그렇다면, 그런 경우에는
dangerous area 위험지역
lock 잠그다
downtown 시내에
forget 잊다, 잊어버리다

Speed Check 04 재난신고 접수

1 비가 너무 많이 옵니다.

It is (   ) rain here.

2 집 안으로 물이 많이 들어오나요?

Do you have water (   ) into the house?

3 혹시 산사태의 가능성은 없으십니까?

Is there any possibility of a (   )?

4 태풍 때문에 어떻게 해야 할지 몰라서요.

I don't know what to do in (   ).

5 지금 지진이 나는 것 같아요.

I think we are having an (   ) here.

6 건물이 무너졌어요.

The building has (   ).

7 날아갈 위험이 있는 물건은 집 안으로 옮겨 주세요.

Move objects that might be (   ) away, into the house.

8 모든 전기차단기와 가스밸브를 잠가주세요.

Turn off all electrical (   ) and gas valves.

9 TV나 인터넷을 통해 기상상황을 알아두세요.

Pay attention to the (　　　　　　) through a TV or internet.

10 이동하실 때는 가방이나 방석으로 머리를 보호하고 움직이세요.

(　　　　　　) and cover your head with a bag or cushion when you move.

11 다음 중 성격이 다른 하나는?

① Torrential Rainfall
② Typhoon
③ Earthquake
④ Collapse

12 건물붕괴 상황에서 나타나기 가장 어려운 대화는?

① A : Are you inside a building?
B : Yes.

② A : Do you have water getting into the house?
B : No, not yet. But the water level is rising.

③ A : Are there any other people around you?
B : I don't know. I can't see anything.

④ A : Wait in a safe place for the rescue team.
B : I see.

ANSWER

1 pouring **2** getting **3** landslide **4** typhoon **5** earthquake **6** collapsed **7** breakers **8** blown **9** weather conditions **10** Protect **11** ④ **12** ②

기출PLUS

section 5 사고현장 관련 대화 및 기타 상황 대화

① 폭발화재(Explosive Fire) 현장

A : Did you call 119?

B : Yes, I did.

A : We were told of some explosion. Do you know what exploded?

B : I think it was a LPG gas tank.

A : How many gas tank are there?

B : We have only one for the restaurant. Maybe two.

A : Has everyone been evacuated?

B : I think everyone escaped.

A : There another exit other than this one?

B : There is two more in the back.

A : Where are the indoor fire extinguisher?

B : I don't know it for certain.

A : Okay. Can you call the company president and other managers.

B : I already did. They are on the way.

기출PLUS

A : 119에 신고하신 분입니까?
B : 네, 제가 했어요.

A : 뭔가 폭발했다고 하셨는데, 뭔지 아세요?
B : LPG 가스통인 것 같아요.

A : 가스통이 몇 개나 있었죠?
B : 식당에서 쓰는 한 개뿐이에요. 어쩌면 둘일 수도 있어요.

A : 사람들은 다 대피했습니까?
B : 모두 대피한 것 같아요.

A : 출입구가 여기 말고 또 있습니까?
B : 뒤 쪽에 두 개가 더 있어요.

A : 옥내 소화전은 어디 있습니까?
B : 그건 잘 모르겠는데요.

A : 알겠습니다. 사장님, 그리고 다른 관리자분들에게 연락 좀 해주세요.
B : 벌써 했어요. 지금 오고 계십니다.

PLUS TIP

explosive fire 폭발화재
explosion 폭발, 폭파
LPG gas tank LPG 가스통
restaurant 식당, 레스토랑
maybe 어쩌면, 아마
escaped 탈출한
indoor 실내의
fire extinguisher 소화기, 소화전
certain 확실한, 틀림없는
a company president 회사의 회장
manager 운영자, 관리자

기출PLUS

② 엘리베이터 사고(Elevator Accident) 현장

A : I'm a rescue worker from the Goyang Fire Department.
We will rescue you soon.
B : Okay, take me out quickly.

A : Is anyone hurt inside?
B : No, No one is hurt.

A : Try to open the door inside.
B : Okay, just a second. I just did.

A : Now we will open the door.
Step away from the door.
It will take ten minutes at most.
B : Yes.

A : Don't worry and wait for a few minutes.
B : I got it. Thanks.

기출PLUS

A : 고양소방서 구조대원입니다.
곧 구조해 드리겠습니다.
B : 네, 빨리 꺼내 주세요.

A : 안에 다치신 분이 계신가요?
B : 아니요, 다친 사람은 없어요.

A : 안쪽에서 문을 벌려 보세요.
B : 네, 잠깐만요. 벌렸어요.

A : 지금 문을 열겁니다.
문에서 한 발짝 떨어지세요.
길어야 10분 정도 걸릴 겁니다.
B : 네.

A : 걱정 마시고, 잠시만 기다리세요.
B : 알겠습니다.

PLUS TIP

elevator accident 엘리베이터 사고
rescue worker 구조대원
take out 꺼내다, 데리고 나가다
quickly 빨리
hurt 다치게 하다, 아프다
just a second(=just a minute) 잠깐만 기다리다
step 발걸음, 보폭
away from ~에서 떠나다
at most 많아 봐야, 기껏해야
a few 어느 정도, 조금

기출PLUS

기출 2018

A : I've got a terrible stomachache.

B : Let's go to the doctor and get it checked out.

A : 끔찍한 복통이 있어요.
B : 병원에 가서 확인해 봅시다.

③ 복통(Stomachache)신고 현장

A : Where do you have the most pain?

B : My stomach hurts badly.
I have a stabbing pain in my stomach.

A : When did start?

B : It started two hour ago.

A : Do you have diarrhea?
Are you nauseous?

B : I have the runs. And I feel nauseated.

A : Let me press your stomach. Is it okay?

B : Yes.

A : Tell me if it hurts when I touch you.

B : Yes.

A : What did you eat for your last meal?

B : I had hamburgers for dinner yesterday.

A : I think you have acute pancreatitis.
Do you have a regular hospital that you usually go to?

B : No, take me to any hospital closest, please.

기출PLUS

A : 가장 아프신 곳이 어디입니까?
B : 배요.
배가 쑤시는 것처럼 아파요.

A : 언제부터 아프셨습니까?
B : 2시간 전쯤인 것 같아요.

A : 설사를 하셨습니까?
토하실 것 같은가요?
B : 설사도 하고 속도 메스꺼워요.

A : 배를 한 번 눌러볼게요. 괜찮죠?
B : 네.

A : 제가 만진 부분이 아프시면 말씀하세요.
B : 네.

A : 마지막 식사 때 무엇을 드셨습니까?
B : 어제 저녁으로 햄버거를 먹었어요.

A : 급성 장염인 것 같습니다.
다니시는 병원이 있습니까?
B : 아니요, 가까운 병원으로 가주세요.

stomachache 위통, 복통
most 최대의, 가장 많음
a stabbing pain 찌르는 듯한 아픔
diarrhea 설사
nauseous 매스꺼운, 욕지기나는
meal 식사
acute pancreatitis 급성 장염
regular 규칙적인, 정기적인
usually 보통, 대개
closest 가장 가까운

기출PLUS

기출 2019

Burns are injuries on the body caused by dry heat.

화상은 건조한 열로 인해 몸에 입는 부상이다.

기출 2020

That's because our skin could be damaged if it is exposed to any heat for a long while.

그것은 우리의 피부가 오랫동안 어떤 열에 노출되면 손상을 입을 수 있기 때문이다.

④ 화상(Burn)신고 현장

A : When did your child get burned?

B : About 15 minutes ago.

A : How did you get burned?

B : From hot water boiling on the stove.

A : What part of the body was burned?

B : His arm.

A : I will remove your child's clothes with scissors. OK?

B : Okay.

A : What hospital do you want to go to?

B : The closest burn center will be okay.

A : The closest burn treatment hospital is the PAIK hospital.
Do you want us to take you there?

B : Yes, hurry, please.

기출PLUS

A : 아이가 언제 화상을 입었습니까?
B : 한 15분 전에요.

A : 어쩌다 화상을 입었습니까?
B : 스토브에서 끓고 있는 뜨거운 물에요.

A : 어느 부위에 화상을 입었습니까?
B : 팔이요.

A : 가위로 아이의 옷을 좀 찢겠습니다. 괜찮습니까?
B : 네.

A : 어느 병원으로 갈까요?
B : 화상치료가 가능한 곳이면 아무 곳이나 괜찮습니다.

A : 가장 가까운 화상치료 병원은 백병원입니다.
그곳으로 갈까요?
B : 네, 빨리 가 주세요.

PLUS TIP

get burned 화상을 입다
boil 끓다
stove 스토브, 난로
remove 제거하다
scissors 가위
treatment 치료, 처치

기출PLUS

기출 2018

A : Just be careful with your steps.

B : I'm trying, but now I'm starting to feel dizzy, too.

A : 조심해서 걸어.

B : 나도 노력하고 있지만, 이제 어지러워지기까지 시작했어.

⑤ 충수염(Appendicitis)신고 현장

A : Where do you ache?
B : I feel a sharp stinging pain in my stomach.

A : When did it start?
B : The pain started last night.

A : Do you feel dizzy?
B : Yes, I did.

A : Are you nauseous, too?
B : No.

A : Lie straight on your back. Let me press your stomach. Please tell me if it hurts.
B : Yes.

A : Does it hurt when I press it here?
B : No.

A : How about here?
B : Ouch, stop it!
I can't tolerate it.

A : Can you life your right leg up to your stomach?
B : No, I can't do it at all.

A : Oh, I got it. I think you have acute appendicitis. We will take you to the closest hospital.
B : Yes.

기출PLUS

A : 어디가 아프십니까?
B : 복부에 바늘로 찌르는 듯한 통증이 있습니다.

A : 통증이 언제부터 시작됐습니까?
B : 어젯밤부터요.

A : 어지러움도 느끼셨나요?
B : 예, 느꼈어요.

A : 구토도 하셨나요?
B : 아니오.

A : 똑바로 누워주세요. 배를 한 번 만져 볼게요.
아프면 말씀하세요.
B : 네.

A : 여기를 누르면 아프십니까?
B : 아니오.

A : 여기는 어떠세요?
B : 아, 그만!
참을 수가 없어요.

A : 오른쪽 다리를 복부까지 올릴 수 있겠어요?
B : 아니요, 전혀 못하겠어요.

A : 알겠습니다. 급성 충수염 같습니다.
가장 가까운 병원으로 이송하겠습니다.
B : 네.

PLUS TIP

ache 아프다
stinging 찌르는, 쏘는
last night 어젯밤
lie straight on one's back 반듯하게 눕다
tolerate 용인하다, 참다
acute appendicitis 급성 충수염

기출PLUS

⑥ 이송 중 대화(Conversation in Transferring)

A : Do you have a regular hospital that you usually go to?

B : No, Any hospital will be okay with me.

A : We will take you to a hospital that can treat you.

B : Okay.

A : Do you take any medications?

B : No.

A : Do you have a passport on ID card?

B : Yes, it's in my wallet.

A : You're Mac Taylor from New York, aren't you?

B : Yes.

A : You must be accompanied by guardian.
Do you have anyone to contact?

B : Yes, My girlfriend.

A : What's her name and phone number?

B : ○○○ and her phone number is 010-999-8888.

A : We will get to the hospital in 5 minutes.
Calm down and breathe deeply.

B : Okay.

기출PLUS

A : 다니시는 병원이 있습니까?
B : 아니요. 아무 병원이나 괜찮아요.

A : 치료 가능한 병원으로 이송하겠습니다.
B : 네.

A : 복용 중인 약이 있습니까?
B : 아니요.

A : 신분증이나 여권을 가지고 있으세요?
B : 네, 지갑 안에 있어요.

A : 뉴욕에서 오신 Mac Taylor씨가 맞습니까?
B : 네.

A : 보호자를 동반해야 합니다.
연락하실 분이 있으십니까?
B : 네, 제 여자친구요.

A : 그 분 이름과 전화번호가 무엇입니까?
B : ○○○이고, 010-999-8888입니다.

A : 5분이면 병원에 도착하니까 침착하시고 심호흡 하세요.
B : 네.

PLUS TIP

conversation 대화
transfer 옮기다, 이동하다
medication 약, 약물
passport 여권
identity(ID) card 신분증
wallet 지갑
be accompanied by ~을 동반하다
guardian 보호자, 후견인
breathe deeply 심호흡하다

기출PLUS

⑦ 차량 화재조사 상황

A: Did you call the 119?

B: Yes, I did.

A : Who is the owner of this car?

B : It belongs to me.

A : How did you know there was a fire?

B : I heard a loud noise and it was on fire.

A : Do you know the year of the car and the type?

B : No, I rented it so I don't know much about the car well.

A : Okay.
Do you have the telephone number of the car rental company?

B : Yes, here it is.

A : Let me know if you need any help related to the fire.

B : Thank you.

기출PLUS

A: 119에 신고한 분이십니까?
B: 네, 제가 했어요.

A : 이 차량의 차주가 누구십니까?
B : 전데요.

A : 화재가 난 것을 어떻게 아셨습니까?
B : 큰 소리가 나서 나와 보니 불타고 있었어요.

A : 차량년도나 차종에 대해서 아십니까?
B : 아니요, 빌린 차라서 잘 모르는데요.

A : 알겠습니다.
렌터카 회사 연락처 있으세요?
B : 네, 여기 있습니다.

A : 화재와 관련하여 도움이 필요하시면 말씀하십시오.
B : 감사합니다.

owner 주인, 소유주
belong to somebody ~ 소유이다, ~에 속하다
a loud noise 큰 소음
rented 빌린, 세낸
car rental company 자동차 대여 회사
related 관련된

기출PLUS

⑧ 복합건물 소방검사 상황

A : Hello. I'm here for a regular fire inspection.
B : Hi, how are you?

A : Let me see your fire prevention plan and last year's check list and related documents for functional operations?
B : Here they are.

A : How many stories are there in this building and what's the floor space?
B : There is two basement and 5 stories in this building. The floor space is 1000㎡.

A : Dose the fire extinguishing equipment work properly?
B : Yes.

A : Where are the automatic alarm system or automatic fire detector?
B : They are at the management office on the first floor.

A : Where are the indoor fire extinguishers and the sprinkler pump room?
B : They are in the parking lot on the second floor of the basement.

A : Thank you for your cooperation.
If you have more questions, please call again.
B : Okay.

기출PLUS

A : 안녕하세요. 정기 소방검사 차 방문했습니다.
B : 네, 안녕하세요.

A : 소방계획서, 작년도 작동기능 점검 서류 좀 보여 주세요.
B : 여기 있습니다.

A : 이 건물 층수와 면적이 어떻게 되죠?
B : 지하 2층, 지상 5층 건물이고, 연면적 1000㎡입니다.

A : 소방시설은 정상적으로 작동되고 있습니까?
B : 네.

A : 자동화재 경보설비 또는 자동화재 탐지기는 어디에 있습니까?
B : 1층 관리 사무실에 설치되어 있습니다.

A : 옥내 소화전 및 스프링클러 설비 펌프실은 어디에 있습니까?
B : 지하 2층 주차장에 있습니다.

A : 협조해주셔서 감사합니다.
더 궁금하신 점이 있으시면 전화 주십시오.
B : 네.

PLUS TIP

fire inspection 소방시설점검
fire prevention plan 소방계획
document 서류, 문서
functional 기능상의, 기능적인
operation 작전, 운용
story 층
floor space 바닥 면적, 건평
fire extinguishing equipment 소화장치
properly 제대로, 적절히
automatic alarm system 자동화재 경보설비
automatic fire detector 자동화재 탐지기
management office 관리사무소
sprinkler 스프링클러, 살수장치
parking lot 주차장
cooperation 협력, 협조

기출PLUS

⑨ 해외구조 현장

(Some people were trapped in a house by an earthquake)

A : Hello. Anyone here?

B : Yes, I'm here.

A : Can you speak English?

B : Yes, a little.

A : Keep speaking, so I could find you.

B : Yes. Come over here.

A : We are from Korea Search and Rescue Team(KOSAR).

B : Yes.

A : Is anyone hurt inside?

B : No, but I'm very thirsty and chilly.

A : Okay. I'll be right back with your water and blanket.

B : Thanks.

A : We will rescue you soon. Stay calm.

B : Yes.

기출PLUS

(지진으로 집 안에 사람이 갇힌 상황)

A : 여기요. 여기 누구 있어요?
B : 네, 여기 있어요!

A : 영어 하실 수 있으세요?
B : 네, 조금요.

A : 당신을 찾을 수 있게 계속 말을 해보세요.
B : 네. 이쪽으로 오세요.

A : 우리는 한국국제구조대에서 왔습니다. 여기서 당신을 도울 겁니다.
B : 네.

A : 안에 다치신 분이 계십니까?
B : 아니오, 그런데 목이 너무 마르고 춥습니다.

A : 알겠습니다. 물과 담요를 금방 가져다 드릴게요.
B : 감사합니다.

A : 곧 구조해 드리겠습니다. 침착하게 계십시오.
B : 네.

PLUS TIP

be trapped in ~에 빠지다, ~에 갇히다
anyone here? 여기 누구 있나요?, 아무도 없어요?
keep ~ing 계속해서 ~하다
come over here 이리 와, 이쪽으로 오세요
KOSAR(Korea Search and Rescue Team) 한국국제구조대
thirsty 목이 마른, 갈증이 나는
chilly 쌀쌀한, 추운
I'll be right back 금방 올게요
blanket 담요

Speed Check 04 사고현장 관련 대화 및 기타 상황대화

1 무엇이 폭발하였는지 아십니까?

Do you know what (   )?

2 출입구가 여기 말고 또 있습니까?

There another (   ) other than this one?

3 빨리 꺼내 주세요.

Take me (   ) quickly.

4 길어야 10분 정도 걸릴 겁니다.

It will take ten minutes (   ).

5 배가 쑤시는 것처럼 아파요.

I have a stabbing pain in my (   ).

6 토하실 것 같은가요?

Are you (   )?

7 가장 가까운 병원으로 가주세요.

Take me to any hospital (   ), please.

8 똑바로 누워주세요.

Lie (   ) on your back.

9 'Can you life your right leg up to your stomach?'라는 질문이 가능한 상황은?

① Explosive Fire

② Elevator Accident

③ acute appendicitis

④ Conversation in Transferring

10 다음 중 가장 어색한 대화는?

① A : Is anyone hurt inside?

B : No, No one is hurt.

② A : When did start?

B : It started two hour ago.

③ A : Do you have anyone to contact?

B : Yes, My girlfriend.

④ A: : Do you have a passport?

B : It's my wallet.

ANSWER

1 exploded **2** exit **3** out **4** at most **5** stomach **6** nauseous **7** closest **8** straight **9** ③
10 ④

11 다니시는 병원이 있습니까?

Do you have a regular hospital that you (   ) go to?

12 복용 중인 약이 있습니까?

Do you (   ) any medications?

13 보호자를 동반해야 합니다.

You must be (   ) by guardian.

14 이 차량의 차주가 누구십니까?

Who is the (   ) of this car?

15 빌린 차라서 잘 모르는데요.

I (   ) it so I don't know much about the car well.

16 소방계획서 좀 보여주십시오.

Let me see your fire (   ) plan.

17 면적이 어떻게 되죠?

What's the floor (   )?

18 우리는 한국국제구조대에서 왔습니다.

We are from (   ).

19 성격이 가장 다른 하나는?

① fracture ② appendicitis

③ diabetes ④ cancer

20 다음 중 가장 관계없는 것은?

① I'm here for a regular fire inspection.

② Dose the fire extinguishing equipment work properly?

③ How did you know there was a fire?

④ Let me see your last year's check list and related documents for functional operations?

ANSWER

11 usually **12** take **13** accompanied **14** owner **15** rented **16** prevention **17** space
18 Korea Search and Rescue Team (KOSAR) **19** ① **20** ③

PART 05

기출 및 예상문제

01 어휘

02 어법

03 독해

04 생활영어

Speed Check 01 어휘

2021 소방공무원

1 빈칸에 들어갈 말로 가장 적절한 것은?

> To get downtown there are several ___________. You can take the subway, the trolley, or a bus.

① aspects　② alternatives
③ distances　④ properties

단어 **trolley** 카트, 전차

해석 「시내에 가려면 몇 가지 대안이 있다. 당신은 지하철, 전차, 또는 버스를 탈 수 있다.」

보기 ① 측면, 양상
② 대안, 선택 가능한 것
③ 거리
④ 성질, 특징

2021 소방공무원

2 빈칸에 들어갈 말로 가장 적절한 것은?

> Employees often get more work done if someone appreciates them. For example, workers are often more ___________ when their bosses say "thank you."

① suggestive　② possessive
③ productive　④ hesitative

단어 **appreciate** 진가를 알아보다, 인정하다

해석 「직원들은 누군가 자신을 인정하면 종종 더 많은 일을 한다. 예를 들어, 근로자들은 그들의 상사가 "감사합니다."라고 말할 때 종종 더 생산적이게 된다.」

보기 ① 시사하는, 암시하는
② 소유욕이 강한
③ 생산적인
④ 주저하는, 망설이는

ANSWER 1.② 2.③

2021 소방공무원

3 빈칸에 들어갈 말로 가장 적절한 것은?

> Well, to start with I think I'm quite an optimistic person, because I don't get upset when things go badly for me. I always try to stay positive and look on the bright side. ___________, last week I failed my driving test, but I didn't mind because I knew why I failed and learned from my mistakes. I'm going to retake my test next month and I'm confident I'll pass.

① For instance　　② In addition

③ Besides　　④ Yet

단어 **to start with** 우선, 첫째로　**optimistic** 낙관적인　**retake (a test)** 재시험을 치다　**confident** 자신감 있는

해석 「글쎄요, 우선 저는 상당히 낙관적인 사람이라고 생각합니다. 왜냐하면 저는 일이 제게 안 좋게 돌아갈 때도 화가 나지 않기 때문입니다. 저는 항상 긍정적이고, 밝은 면을 보려고 노력합니다. 예를 들어, 지난주에 저는 운전면허 시험에서 떨어졌지만, 실수를 통해 배웠고, 왜 떨어졌는지 알았기 때문에 개의치 않았습니다. 다음 달에 재시험을 치르는데 합격할 자신이 있습니다.」

보기 ① 예를 들어
② 게다가
③ 그밖에, 뿐만 아니라
④ 그렇지만

2021 소방공무원

4 빈칸에 공통으로 들어갈 말로 가장 적절한 것은?

> (A) Fear ____ in when the people realized the door was locked from the outside.
> (B) Try ____ to aside some time each day for exercise.

① set　　② stand

③ fly　　④ run

단어 **set in** 시작하다, 밀려오다　**set something aside** (특정한 목적에 쓰기 위해 돈 · 시간을) 따로 떼어 두다

해석 「(A) 사람들이 문이 밖에서 잠겼다는 것을 알았을 때 두려움이 밀려왔다.
(B) 운동을 위해 매일 시간을 좀 내도록 하세요.」

ANSWER 3.① 4.①

2021 소방공무원

5 빈칸에 들어갈 말로 가장 적절한 것은?

War is a ___________ between two or more regions or countries involving weapons such as guns and bombs.

① conscience ② confidence
③ conflict ④ contribution

단어 **region** 지방, 지역 **involve** 수반[포함]하다 **weapon** 무기

해석 「전쟁은 총이나 폭탄과 같은 무기를 포함하는 두 개 이상의 지역 또는 국가 사이의 갈등이다.」

보기 ① 양심, 가책
② 신뢰, 자신감
③ 갈등, 물리적 충돌
④ 기부금, 기여

2021 소방공무원

6 빈칸에 들어갈 말로 가장 적절한 것은?

Clothing fires are a real hazard. Long, flowing sleeves have no place in a kitchen — they are too easily caught on pan handles, are easily ___________ by range burners, and are generally in the way.

① broken ② extinguished
③ ignored ④ ignited

단어 **hazard** 위험 **sleeve** 소매 **in the way** 방해가 되다

해석 「의류 화재는 정말 위험하다. 길게 늘어진 소매는 부엌 어디에서도 입어서는 안된다. – 그것은 팬 손잡이에 너무 쉽게 끼이고, 레인지 버너에 의해 쉽게 점화되며, 일반적으로 방해가 된다.」

보기 ① 깨지다
② (불을) 끄다, 끝내다
③ 무시되다
④ 점화되다

ANSWER 5.③ 6.④

2021 소방공무원

7 빈칸에 들어갈 말로 가장 적절한 것은?

A : I've got a temperature and my stomach hurts.

B : How long have you been feeling this way?

A: It started the day before yesterday.

B: You seem to have picked up a kind of ___________.

① affair ② effect

③ infection ④ inspection

단어 **temperature** 체온, 고열 **stomach** 위, 복부 **the day before yesterday** 그저께

해석 「A : 열이 나고 배가 아파요.
B : 얼마나 오랫동안 이렇게 느끼셨어요?
A : 그저께부터 시작했어요.
B : 일종의 감염병에 걸린 것 같네요.」

보기 ① 일, 사건
② 영향, 효과
③ 감염, 전염병
④ 사찰, 점검

2021 소방공무원

8 빈칸에 들어갈 말로 가장 적절한 것은?

No matter if you're scuba diving along the coast or sailing further out to sea, having the means to call for help in an emergency can be ___________.

① trivial ② essential

③ outdated ④ insignificant

단어 **means** 수단

해석 「여러분이 해안을 따라 스쿠버 다이빙을 하거나 바다로 더 멀리 항해할 때, 비상시에 도움을 요청할 수 있는 수단을 갖는 것은 필수적일 수 있다.」

ANSWER 7.③ 8.②

2021 소방공무원

9 빈칸에 들어갈 말로 가장 적절한 것은?

> Light fixtures, lamps and light bulbs are common ＿＿＿＿＿＿ for electrical fires. Installing a bulb with a wattage that is too high for the lamps and light fixtures is a leading cause of electrical fires. Always check the maximum recommended bulb wattage on any lighting fixture or lamp and never go over the recommended amount.

① reason
② effect
③ solution
④ misunderstanding

단어 **light fixture** 조명 기구

해석 「조명 기구, 램프 및 전구는 전기화재의 일반적인 원인이다. 램프 및 조명 기구에 비해 전력량이 너무 높은 전구를 설치하는 것은 전기화재의 주요 원인이다. 어떤 조명 기구나 램프든지 항상 최대 권장 전구 전력량을 확인하고, 권장된 양을 초과하지 마라.」

보기 ① 원인
② 영향
③ 해법
④ 오해

2020 소방공무원

10 빈칸에 들어갈 말로 가장 적절한 것은?

> Stuff wet towels and sheets in gaps around the doors to ＿＿＿＿ smoke.

① point out
② seal out
③ look into
④ break into

단어 **stuff** (빽빽하게) 채워 넣다 **gap** 틈새

해석 「연기를 새지 않게 하기 위해 젖은 수건과 시트를 문 주위의 틈새에 빽빽하게 채워 넣어라.」

보기 ① 가리키다, 지적하다
② 새지 않게 하다, 밀봉(밀폐)하다
③ 조사하다, 주의 깊게 살피다
④ 침입하다

ANSWER 9.① 10.②

2020 소방공무원

11 빈칸에 들어갈 말로 가장 적절한 것은?

My patient was brought to the emergency room by his friend because he could no longer catch his breath and had a _______ that would not extinguish.

① caution ② cluster
③ claim ④ cough

해설 'emergency room'에 오게 된 이유가 'because' 뒤로 언급되고 있다.

단어 **breath** 숨, 호흡 **extinguish** (불을) 끄다, 끝내다, 없애다

해석 「내 환자는 더 이상 숨을 고르지 못하고 잦아들지 않는 기침이 나서 친구에 의해 응급실로 실려 왔다.」

보기 ① 조심, 주의
② (함께 자라거나 나타나는) 무리, (작은 열매의) 송이
③ 주장, (재산 등에 대한) 권리
④ 기침

2020 소방공무원

12 빈칸에 들어갈 말로 가장 적절한 것은?

Wildfires have ________ Australia, incinerating an area roughly the size of West Virginia and killing 24 people and as many as half a billion animals.

① demonstrated ② disapproved
③ discriminated ④ devastated

해설 빈칸 뒤로 산불에 의한 피해 내용이 언급되고 있으므로 이를 근거로 보기 중 적절한 단어를 골라야 한다.

단어 **wildfire** 산불, 도깨비불 **roughly** 대략, 거의

해석 「산불은 호주를 완전히 파괴했다, 거의 웨스트버지니아의 크기만 한 지역을 소각하고 24명의 사람과 무려 5억 마리나 되는 동물을 죽였다.」

보기 ① 증거를 들어가며 보여주다, 입증하다
② 탐탁찮아 하다
③ 식별하다, 차별하다
④ (한 장소나 지역을) 완전히 파괴하다

ANSWER 11.④ 12.④

2020 소방공무원

13 빈칸 (A)와 (B)에 들어갈 말로 가장 적절한 것은?

> The corona virus ___(A)___ first started in the Chinese city of Wuhan and has now spread to a number of other countries. The fast-moving infection, which causes pneumonia-like symptoms, has been declared a global emergency by the World Health Organization. It has claimed hundreds of Chinese lives and prompted Chinese authorities to ___(B)___ several other major cities.

	(A)	(B)
①	disruption	invade
②	outbreak	quarantine
③	breakthrough	contaminate
④	extinction	discharge

단어 **infection** 감염 **pneumonia** 폐렴 **symptom** 증상 **authorities** 당국

해석 「코로나 바이러스 (A) 발생은 중국의 우한시에서 처음 시작되어 현재 많은 다른 나라들로 퍼졌다. 폐렴과 같은 증상을 일으키는 이 고속의 감염은 세계보건기구(WHO)로 하여금 세계적인 비상사태를 선포하게 했다. 그것은 수백 명의 중국인들의 목숨을 앗아 갔고 중국 당국은 다른 몇몇 주요 도시들을 (B) 격리시켰다.」

보기 ① 붕괴, 분열 / 침입[침략]하다
② (전쟁 · 사고 · 질병 등의) 발생[발발] / 격리하다
③ 돌파구 / 오염시키다, 악영향을 주다
④ 멸종, 사멸 / 해고하다, 석방하다

ANSWER 13.②

2020 소방공무원

14 빈칸 (A)와 (B)에 들어갈 말로 가장 적절한 것은?

> Pittsburgh is a city in the United States. In 2019, a surprising thing happened there. A city bus was waiting at a traffic light. Suddenly, the ground opened up. It was a sinkhole. It __(A)__ part of the bus! Most sinkholes are natural. They sometimes appear in cities. Sinkholes happen when there is a lot of water in the ground. The water erodes the rocks and minerals. This makes the ground weak. Then, it can suddenly __(B)__. This is what happened in Pittsburgh. Thankfully, no one on the bus was hurt.

	(A)	(B)
①	destroyed	soar
②	contained	penetrate
③	swallowed	collapse
④	repaired	get stuck

단어 **Pittsburgh** 피츠버그(미국 Pennsylvania주의 철공업 도시) **sinkhole** 싱크홀

해석 「피츠버그는 미국에 있는 도시다. 2019년, 그곳에서 놀라운 일이 일어났다. 시내버스 한 대가 신호등에서 기다리고 있었다. 갑자기 땅이 꺼졌다. 싱크홀이었다. 그것은 버스의 일부를 (A) 삼켰다! 대부분의 싱크홀은 자연스러운 일이다. 그것들은 때때로 도시에서 나타난다. 싱크홀은 토양에 물이 많을 때 발생한다. 물은 바위와 광물을 부식시킨다. 이것은 지면을 약하게 만든다. 그러면, 그것은 갑자기 (B) 내려앉는다. 이것이 피츠버그에서 벌어진 일이다. 다행히, 버스에 타고 있던 사람은 아무도 다치지 않았다.」

보기
① 파괴하다 / 급증하다, 솟구치다, 날아오르다
② 억누르다, 방지하다 / 관통하다
③ 삼키다, 들이켜다 / 붕괴되다, 내려앉다
④ 수리하다, 바로잡다 / 꼼짝 못하게 되다

ANSWER 14.③

2020 소방공무원

15 빈칸 (A)와 (B)에 들어갈 말로 가장 적절한 것은?

> Fire can cause a lot of damage. It can reduce a home to __(A)__ ashes. Even when a fire does not burn a whole house, the damage from smoke can ruin clothing, food, books, and pictures. When people use water to fight a fire, the water can damage floors, walls, paper, blankets, and beds. But fire causes more than just damage to things. __(B)__, fire can kill people.

	(A)	(B)
①	anything but	Much better
②	nothing but	Even worse
③	anything but	Even worse
④	nothing but	Much better

해설 (A) nothing but = only의 의미로, 이 문장은 '그것은 집을 한낱 재로 변형시킬 수 있다(→잿더미로 만들 수 있다)'로 해석할 수 있다.
(B) 앞에서는 화재가 일으키는 물적 피해에 대해 나열하고, (B) 뒤에서는 화재로 인한 인명 피해에 대해 이야기하고 있다.

단어 cause ~을 야기하다 ruin 파괴하다, 망쳐놓다

해석 「화재는 많은 피해를 야기할 수 있다. 그것은 집을 (A) 한낱 잿더미로 만들 수 있다. 불이 집 전체를 태우지 않더라도 연기로 인한 피해는 옷, 음식, 책, 그리고 그림을 망칠 수 있다. 사람들이 화재를 진압하기 위해 물을 사용할 때, 그 물은 바닥, 벽, 종이, 담요, 그리고 침대를 손상시킬 수 있다. 그러나 불은 단순히 사물에 피해를 주는 것 이상의 것을 야기한다. (B) 심지어, 불은 사람을 죽일 수 있다.」

보기
- anything but ~이 결코 아닌
- much better 훨씬 나은
- nothing but 오직, 한낱 ~일 뿐인
- even worse 심지어, 설상가상으로

ANSWER 15.②

2020 소방공무원

16 **빈칸 (A)와 (B)에 공통으로 들어갈 말로 가장 적절한 것은?**

> First aid is assistance that is rendered to an injured or ill person by a bystander until professional medical help may __(A)__. Some first aid is elementary, such as applying a bandaid to a cut.
> Accidents happen. Someone chokes on an ice cube or gets stung by a bee. It is important to know when to call 119—it is for life-threatening emergencies. While waiting for help to __(B)__, you may be able to save someone's life. Cardiopulmonary resuscitation(CPR) is for people whose hearts or breathing has stopped and the Heimlich maneuver is for people who are choking.

① disappear　　② hinder

③ terminate　　④ arrive

해설 응급처치에 대한 내용이다. 응급처치는 구급대 등 전문적인 의료진이 도착하기 전에 행할 수 있는 처치이다. 'First aid'가 무엇인지 알고 있었다면 해결하기 어렵지 않은 문제이다.

단어 **first aid** 응급처치 **assistance** 원조, 도움 **bystander** 구경꾼, 행인 **elementary** 초보의, 기본적인 **bandaid** 반창고 **maneuver** 책략, 조치

해석 「응급처치는 전문적인 의료적 도움이 (A) 도착할 때까지 행인에 의해 부상자나 병든 사람에게 제공되는 지원이다. 베인 상처에 반창고를 붙이는 등 일부 응급처치는 초보적이다.
사고가 일어나다. 누군가가 얼음 조각에 숨이 막히거나 벌에 쏘인다. 119에 언제 전화해야 하는지 아는 것이 중요하다. 그것은 생명을 위협하는 비상사태를 위한 것이다. 도움이 (B) 도착하기를 기다리는 동안, 당신은 누군가의 생명을 구할 수 있을지도 모른다. 심폐소생술(CPR)은 심장이나 호흡이 멈춘 사람을 위한 것이고, 하임리히 요법은 숨이 막히는 사람을 위한 것이다.」

보기 ① 사라지다, 없어지다
② 방해하다
③ 끝나다, 종료되다
④ 도착하다, 배달되다

ANSWER 16.④

2020 소방공무원

17 **다음 빈칸에 들어갈 말로 가장 적절한 것은?**

> A(n) _______ is a very bad snowstorm with strong winds.

① hail ② blizzard

③ avalanche ④ volcanic eruption

해설 'is' 뒤로 이어지는 내용을 파악하여 빈칸에 들어갈 어휘를 찾아야 한다.

단어 **snowstorm** 눈보라

해석 「블리자드는 강풍을 동반한 매우 심한 눈보라다.」

보기 ① 우박
② 블리자드, 강한 눈보라
③ (산/눈) 사태
④ 화산 분출

2019 소방공무원

18 **다음 빈칸에 들어갈 말로 가장 적절한 것은?**

> _______ are injuries on the body caused by dry heat. Small children are often injured since they often play close to fires and cooking pots and have not yet learned wisdom through experience.

① Burns ② Fractures

③ Heart attacks ④ Insect bites

해설 'fires and cooking pots'을 통해 정답을 추론할 수 있다.

단어 **injury** 부상 **wisdom** 지혜 **experience** 경험

해석 「화상은 건조한 열로 인해 몸에 입는 부상이다. 어린 아이들은 종종 불이나 요리용 냄비에 가까이 가서 놀고 아직 경험을 통해 지혜를 배우지 못했기 때문에 부상을 당하는 경우가 많다.」

보기 ① 화상
② 골절
③ 심장마비
④ 곤충자상(벌레물림)

ANSWER 17.② 18.①

2019 소방공무원

19 다음 빈칸에 들어갈 말로 가장 적절한 것은?

> Smallpox was once a common disease, killing most victims and leaving survivors with terrible scars. In 1796, Edward Jenner discovered that exposing people to the milder disease of cowpox prevented them from catching smallpox. He called his technique ________.

① fossilization

② vaccination

③ visualization

④ neutralization

해설 앞에서 언급한 내용을 바탕으로 마지막 'his technique'의 명칭을 추론하는 문제이다.

단어 **smallpox** 천연두 **common** 공공의, 일반적인 **disease** 질병 **discover** 발견하다 **expose** 노출시키다 **prevent** 막다

해석 「천연두는 한때 흔히 있는 질병으로, 대부분의 희생자를 죽이고 생존자들에게 끔찍한 흉터를 남겼다. 1796년 에드워드 제너는 사람들을 우두의 더 가벼운 질병에 노출시키는 것이 천연두에 걸리는 것을 막는다는 것을 발견했다. 그는 그의 기술을 종두라고 불렀다.」

보기 ① 화석화, 폐습화
② 백신[예방] 접종, 종두(천연두를 예방하기 위하여 백신을 접종하는 일)
③ 시각화, 구상화
④ 중립화, 무효화

ANSWER 19.②

20 다음 빈칸에 들어갈 말로 가장 적절한 것은?

> ________ consists of small balls of ice that fall like rain from the sky.

① hail
② snowstorm
③ avalanche
④ volcanic eruption

단어 **consist** (~으로) 되다, 이루어져 있다.

해석 「우박은 하늘에서 비처럼 떨어지는 작은 얼음덩어리로 이루어져 있다.」

보기 ① 우박
② 눈보라
③ (산/눈) 사태
④ 화산 부출

21 다음 빈칸에 들어갈 말로 가장 적절한 것은?

> If someone has a ________, their heart begins to beat very irregularly or stops completely.

① Heatstroke
② Fractures
③ Heart attacks
④ Genital Trouble

단어 **irregularly** 불규칙적으로 **completely** 완전히

해석 「만약 누군가가 심장마비를 일으켰다면, 그들의 심장은 매우 불규칙적으로 뛰기거나 완전히 멈추게 된다.」

보기 ① 열사병
② 골절
③ 심장마비
④ 생식기 장애

ANSWER 20.① 21.③

22 다음 빈칸에 들어갈 단어로 가장 옳은 것은?

I consider _________ the primary enemy of mankind. The human mind is not only self-destructive but naturally stupid. So man requires various kind of education.

① ignorance
② pessimism
③ distrust
④ literacy

단어 **primary** 첫째의, 근본적인 **self-destructive** 자기 파괴적인 **not only A but also B** A뿐만 아니라 B도

해석 「나는 무지가 인류의 근본적인 적이라고 생각한다. 인류는 자기 파괴적일 뿐만 아니라, 선천적으로 어리석다. 그래서 인간은 다양한 종류의 교육이 필요하다.」

보기 ① 무지
② 비관
③ 불신
④ 문해력

23 다음 문장의 빈칸에 들어갈 가장 옳은 것은?

Finding a stranger on our doorstep startled me, but the _________ expression on his face told me not to worry.

① benign
② arrogant
③ lucrative
④ mandatory

단어 **stranger** 낯선 사람, 이방인 **doorstep** 문간(의 계단) **startle** 깜짝 놀라게 하다

해석 「우리의 문 앞 계단에서 낯선 사람을 발견한 것이 나를 놀라게 했지만, 그의 얼굴에 나타난 상냥한 표정은 나에게 걱정하지 말라고 말했다.」

보기 ① 상냥한, 친절한, 온화한
② 건방진, 거만한, 교만한
③ 유리한, 이익이 있는
④ 명령적인, 강제적인

ANSWER 22.① 23.①

24 다음 ⓐ, ⓑ에 들어갈 말을 바르게 짝지은 것은?

> A : This is 119. State your emergency.
> B : A construction worker fell ___ⓐ___ a manhole!
> A : Okay, how ___ⓑ___ is the manhole?
> B : It seems like about 10 meters.

① into — high ② into — deep

③ in — high ④ in — deep

단어 **fell into** ~에 빠지다 **how deep is** ~ 깊이가 얼마나 됩니까?

해석 「A : 119입니다. 무엇을 도와 드릴까요.
B : 건설현장 인부 한 명이 맨홀에 빠졌어요!
A : 네, 맨홀 깊이는 얼마나 됩니까?
B : 약 10 미터 정도로 보여요.」

25 괄호 안에 공통적으로 들어갈 수 있는 단어는?

> • Do you ( ) nauseated?
> • How often do you ( ) pain?

① take ② feel

③ like ④ need

단어 **nauseated** 메스껍게 하다, 역겹게 하다 **How often** 몇 번, 얼마만큼 자주 **pain** 아픔, 통증

해석 「• 구역질이 날 것 같습니까?
• 통증이 얼마나 자주 오십니까?」

ANSWER 24.② 25.②

26 다음 밑줄 친 'terms'와 같은 뜻으로 쓰인 것은?

> The terms culture and society are frequently used interchangeably, and there is usually no great harm in doing so as long as we know what the difference is. In simplest form, we can say that a society is always made up of people ; their culture is the way they behave.

① We are apt to see life in terms of money.
② Since our contract is getting near its terms we must negotiate a new one.
③ There are so many technical terms in this book.
④ I am good terms with him.

단어 **term** 말, 용어, 기간, 학기, 조건, 약정, 만기, 사이(대인관계) **interchangeably** (서로) 교환적으로, 교체적으로 **be made up of** ~으로 구성되다 **behave** 행동하다, 처신하다 **be apt to do** ~하기 쉽다, ~하는 경향이 있다 **in terms of** ~의 말로, ~의 견지에서, ~에 의하여 **contract** 계약 **negotiate** 협상하다, 교섭하다

해석 「문화와 사회라는 용어는 종종 교환적으로 사용되며, 보통 우리가 그 차이가 무엇인지 알기만 하면 그렇게 하는 데 크게 해(지장)는 없다. 가장 단순한 형태에서, 우리는 어떤 사회가 항상 사람들로 구성된다고 말할 수 있다 : 그들의 문화는 그들이 행동하는 방식이다.」

보기 ① 우리는 인생을 금전적인 면으로 보는 경향이 있다.
② 우리의 계약은 그것의 만기에 가까워지고 있기 때문에 우리는 새로운 계약을 협상해야 한다.
③ 이 책에는 너무 많은 기술용어들이 있다.
④ 나는 그와 사이가 좋다.

ANSWER 26.③

27 다음 대화의 밑줄 친 ㉠과 ㉡에 들어갈 표현이 가장 바르게 짝지어진 것은?

> A : How did you get ㉠_______?
> B : From hot water boiling on the stove.
> A : ㉡_______ the body was ㉠_______?
> B : His arm.

① injured — What kind of
② burned — What part of
③ injured — What part of
④ burned — What kind of

단어 **boil** 끓다 **stove** 스토브, 난로 **injured** 부상을 입은, 다친 **burn** 화상

해석 「A : 어쩌다 화상을 입었습니까?
B : 스토브에서 끓고 있는 뜨거운 물에요.
A : 어느 부위에 화상을 입었습니까?
B : 팔이요.」

28 다음 밑줄 친 부분과 의미가 가장 가까운 것은?

> Its population is about 240 millions, living mostly at densities below twenty-five to the square mile; it is only in part because such vast areas are so thinly populated that it has more distinct peoples and cultures than any other continent.

① extinct
② similar
③ obvious
④ different

단어 **population** 인구 **density** 밀도, 농도 **thinly populated** 인구가 희박한 **distinct** 별개의, 다른 **continent** 대륙

해석 「그 나라의 인구는 약 2억 4천만으로 대부분 25 평방 마일 이하에 해당하는 지역에 조밀하게 모여 살고 있다. 그런 광대한 지역은 인구가 매우 희박해서 다른 대륙보다 좀 더 독특한 사람들과 문화를 갖고 있기 때문에 그것은 단지 부분적인 것에 지나지 않는다.」

보기 ① 멸종된
② 유사한
③ 명백한
④ 상이한, 색다른

ANSWER 27.② 28.④

29 다음 밑줄 친 부분의 의미와 가장 가까운 것을 고르면?

> In spite of the confusion, Jane was able to give investigators a <u>lucid</u> account of what had happened when the train collided with the truck.

① hysterical
② foggy
③ clear
④ exaggerated

단어 **confusion** 혼란, 혼동, 당황 **investigator** 수사관 **lucid** 맑은, 투명한, 명백한, 명료한 **collide** 충돌하다, 부딪치다

해석 「혼란스러움에도 불구하고 Jane은 수사관들에게 기차가 트럭과 충돌했을 때 일어났었던 일을 <u>명쾌하게</u> 설명해 줄 수 있었다.」

보기 ① 병적으로 흥분한, 히스테리에 걸린
② 안개가 낀, 자욱한
③ 맑은, 명백한
④ 과장된, 떠벌린

30 다음 밑줄 친 부분과 의미가 가장 가까운 것은?

> You can sense it as employers <u>quietly</u> read employee's electronic mail for controlling them.

① silently
② honestly
③ rapidly
④ secretly

단어 **quietly(= secretly)** 은밀하게, 조용하게 **control** 관리하다, 통제하다

해석 「당신은 고용주가 종업원들을 통제하기 위해 <u>은밀하게</u> 전자메일을 읽을 때, 그것을 감지할 수 있을 것이다.」

보기 ① 조용히
② 정직하게
③ 빠르게
④ 비밀스럽게

ANSWER 29.③ 30.④

31 다음 밑줄 친 부분과 의미가 가장 가까운 것은?

> Just as cats and dogs like to be stroked, so do some human beings like to be stroked by words at fairly regular intervals; it is a form of <u>primitive</u> pleasure.

① original ② instinctive
③ considerable ④ sheer

단어 **stroke** 어루만지다, 달래다 **at regular intervals** 일정한 시간의 간격을 두고 **primitive** 원시적인, 근본적인

해석 「고양이와 강아지가 어루만져 주는 것을 좋아하는 것 같이 사람도 사실상 일정한 간격을 두고 <u>원초적인</u> 기쁨의 한 형태인 칭찬을 받는 것을 좋아한다.」

보기 ① 원초적인
② 본능적인
③ 상당한
④ 순전한

32 다음 빈칸에 들어갈 단어로 가장 적절한 것은?

> The ________ of foreign words in any language may come about in different ways, and the extent to which foreign elements become naturalized varies considerably.

① adaption ② quotation
③ adoption ④ exclusion

단어 **come about** 발생하다 **extent** 정도 **element** 요소 **vary** 다양하다 **considerably** 상당히, 매우

해석 「어떤 언어의 외국어 <u>차용</u>은 여러 가지 방법으로 일어날 수 있고 외국적인 요소의 자국화 정도는 매우 다양하다.」

보기 ① 각색
② 인용
③ 차용
④ 배제

ANSWER 31.① 32.③

33 다음 밑줄 친 부분과 의미가 가장 가까운 것은?

> The foolish dog took his own shadow on the lake for another dog with a piece of meat larger than his own, and <u>let go of</u> his own meat so that he could attack the other dog and get his meat from him. Of course he lost his own meat by this, for it sank to the bottom and he was not able to get it back.

① ignored ② clutched

③ released ④ grasped

단어 **let go of** (쥐었던 것을) 놓다

해석 「어리석은 개는 호수에 비친 자신의 그림자를 자기의 고기보다 더 큰 것을 물고 있는 다른 개로 여기고, 다른 개를 공격해서 그 개로부터 고기를 빼앗기 위해 자신의 고기를 <u>놓게</u> 되었다. 물론 고기가 바닥에 가라앉았기 때문에 이 행동으로 개는 고기를 잃게 되었고, 개는 고기를 다시 얻을 수 없었다.」

보기 ① 무시하다
② 잡다
③ 풀어놓다, 해방하다
④ 붙잡다

ANSWER 33.③

34 다음 글의 빈칸에 들어갈 말로 가장 적절한 것은?

A speaker begins his presentation by reaching into his pocket, holds up a twenty-dollar bill, and says, "This twenty is for sale for exactly one dollar. Who wants to buy it?" Would you leap to your feet to get his attention? Or would you wait a few seconds, and after a hand or two goes up, timidly raise your own? If you're one of the hesitaters, you're normal. Once someone else is willing to take a chance, then our greedy little hands pop up, and we tend to go along. The faster others' hands are raised, the greater the desire, and the more likely we are to be part of it. Our sense of the value of an object is reinforced by the ________ that has been created for that object.

① demand
② design
③ brand
④ criticism

단어 **leap** 뛰다 **timidly** 소심하게 **hesitater** 주저하는 사람 **once** 한번 ~ 하면 **be willing to** 기꺼이 ~ 하다 **greedy** 탐욕스런 **pop up** 튀어 오르다 **reinforce** 강화하다

해석 「한 연사가 발표를 시작하면서, 자기 주머니에 손을 넣어 20달러짜리 지폐를 한 장 꺼내 들고 "이 20달러짜리 지폐를 정확히 1달러에 팝니다. 사고 싶은 분이 계십니까?"라고 말한다. 그의 주목을 끌기 위해 벌떡 일어날 것인가? 아니면 잠깐 기다렸다가 손이 하나둘 올라오면, 수줍게 손을 들겠는가? 만약 여러분이 망설이는 사람들 중 하나라면, 보통이다. 일단 다른 누군가가 기회를 잡으려고 하면, 탐욕스러운 작은 손들이 불쑥 올라가고 우리도 따르게 되는 경향이 있다. 다른 사람의 손이 빠르게 올라갈수록, 욕구는 더 커지고, 우리도 그 일부가 될 가능성이 커진다. 어떤 물건의 가치에 대한 우리의 의식은 그 물건에 대해 창출되는 수요로 인해 더욱 강화된다.」

보기 ① 요구, 수요
② 디자인
③ 상표, 브랜드
④ 비평

ANSWER 34.①

35 다음 빈칸에 들어갈 말로 가장 적절한 것은?

Have you ever stopped and spent some time thinking about the two amazing machines located at the ends of your arms? Your hands are really incredible: they work all day, hardly ever taking a break, but they rarely get tired. And not only are your hands strong, they are also ________. Think about all the different things they do! They knock on doors and turn doorknobs. If you're hungry, they'll take the lid off a cookie jar and then put the cookies to your mouth! And if you are good at computer games, you can thank your hands for that, too. Whatever you are doing, your hands can help you.

① versatile
② tangible
③ eligible
④ genuine

단어 **incredible** 믿을 수 없을 정도의 **take a break** 휴식을 취하다 **doorknob** (문의) 손잡이 **lid** 뚜껑 **jar** 병

해석 「당신은 멈춰서 두 개의 놀라운 기계들에 대해 생각하는 데 얼마간의 시간을 보낸 적이 있는가? 당신의 팔 끝에 위치한 당신의 손은 정말 믿어지지 않을 정도이다. 그것들은 종일 일하고 거의 휴식을 취하지 않으면서 좀처럼 지치지도 않는다. 그리고 당신의 손은 튼튼할 뿐만 아니라 다재다능하기도 하다. 그들이 하는 모든 각양각색의 것들을 생각해 보라! 그것들은 문을 두드리고 손잡이를 돌린다. 만약 당신이 배가 고프다면 그것들은 쿠키 뚜껑을 연 다음 그 쿠키들을 당신의 입으로 넣을 것이다. 그리고 만약 당신이 컴퓨터 게임에 능숙하다면 그 점에 대해서도 당신은 당신의 손에 고마워 할 수 있다. 당신이 무엇을 하고 있든 당신의 손은 당신을 도울 수 있다.」

보기
① 다재다능한
② 분명히 실재하는
③ (자격 · 연령 등의 조건이 맞아서) ~을 가질 수 있는
④ 진실한

ANSWER 35.①

Speed Check 02 어법

2020 소방공무원

1 **(A), (B)의 각 네모 안에서 어법에 맞는 표현으로 가장 적절한 것은?**

> We all know exercise makes your body healthier and helps you live longer. A growing body of research shows exercise is also (A) [linked / linking] to a wide range of mood-based and social benefits. People who are physically active are happier and more satisfied with their lives. They have a (B) [stronger / strongest] sense of purpose, feel more gratitude, are more connected to their communities, and are less likely to be lonely or anxious.

	(A)	(B)
①	linked	stronger
②	linked	strongest
③	linking	stronger
④	linking	strongest

해설 (A) 문맥상 운동이 다양한 분위기와 사회적 혜택과 '연관되는' 것이므로 'be linked to'가 적절하다.
(B) 형용사의 최상급 표현 앞에는 정관사 the를 쓰는데 (B) 앞에는 a가 왔기 때문에 'stronger'가 적절하다. 또 뒤로 이어지는 문장에서 'more', 'less' 등을 통해 비교급이 들어감을 알 수 있다.

단어 **exercise** 운동 **benefit** 혜택, 이득 **gratitude** 고마움, 감사 **anxious** 불안해하는 **be linked to** ~와 연관되다

해석 「우리 모두는 운동이 당신의 몸을 더 건강하게 만들고 더 오래 살 수 있도록 돕는다는 것을 알고 있다. 점점 더 많은 연구들이 운동이 또한 다양한 분위기와 사회적 혜택과도 연관되어 있다는 것을 보여준다. 육체적으로 활동적인 사람들은 그들의 삶에 더 행복하고 더 만족한다. 그들은 더 강한 목적의식을 가지고 있고, 더 많은 감사를 느끼고, 그들의 지역사회에 더 많이 연결되어 있으며, 외롭거나 불안해할 가능성이 더 적다.」

ANSWER 1.①

2020소방공무원

2 (A), (B)의 각 네모 안에서 어법에 맞는 표현으로 가장 적절한 것은?

> Doing knee exercises regularly reduces your risk of knee injury. You can also improve knee health by making sure you're getting balanced nutrition. So eat enough fruit and vegetables. A diet rich in fruit and vegetables helps the knee repair (A) [it / itself]. Taking a lot of vitamins makes exercises more (B) [effective / effectively].

	(A)	(B)
①	it	effective
②	it	effectively
③	itself	effective
④	itself	effectively

해설 (A) helps the knee repair ___(A)___ : 무릎이 스스로 회복하는 것을 돕는다는 의미이므로 'itself'가 적절하다.
(B) 형용사를 목적보어로 취하는 동사로는 make, find, keep, consider, leave 등이 있다. 'make + O + 형용사'는 'O를 형용사하게 만든다'는 의미로 쓰인다.

단어 **knee** 무릎 **regularly** 정기적으로, 규칙적으로 **improve** 개선하다, 증진시키다

해석 「규칙적으로 무릎 운동을 하면 무릎 부상의 위험이 줄어든다. 당신은 또한 균형 잡힌 영양 섭취를 함으로써 무릎 건강을 증진시킬 수 있다. 그러므로 과일과 야채를 충분히 먹어라. 과일과 채소가 풍부한 식단은 무릎 회복을 돕는다. 많은 양의 비타민 섭취는 운동을 더 효과적이게 만든다.」

ANSWER 2.③

2019 소방공무원

3 (A), (B), (C)의 각 네모 안에서 어법에 맞는 표현으로 가장 적절한 것은?

> Challenge and adversity (A) [is / are] undeniable facts of life. Being able to (B) [effective / effectively] cope with challenges is crucial to maintaining psychological and even physical well-being. Each (C) [persons / person] has a variety of skills and techniques used to cope with stress and adversity.

	(A)	(B)	(C)
①	is	effective	person
②	is	effectively	persons
③	are	effectively	person
④	are	effective	persons

해설 (A) 주어 Challenge and adversity가 복수이므로 are가 와야 한다.
(B) 동사 cope를 수식하는 부사 effectively가 적절하다.
(C) each 뒤에는 단수 명사가 와야 하며, 동사 has를 통해서도 주어가 단수임을 알 수 있다.

단어 **adversity** 역경 **undeniable** 부정할 수 없는, 명백한 **cope** 대처하다, 극복하다 **crucial** 결정적인 **maintain** 유지하다

해석 「도전과 역경은 부정할 수 없는 인생의 사실이다. 도전에 효과적으로 대처할 수 있는 능력은 심리적, 심지어 육체적 행복을 유지하는 데 결정적이다. 개개인은 스트레스와 역경에 대처하기 위해 사용되는 다양한 기술과 기법을 가지고 있다.」

ANSWER 3.③

4 (A), (B)의 각 네모 안에서 어법에 맞는 표현으로 적절한 것은?

> There is a more serious problem than (A) [maintain / maintaining] the cities. As people become more comfortable working alone, they may become less social. It's (B) [easy / easier] to stay home in comfortable exercise clothes or a bathrobe than to get dressed for yet another business meeting!

	(A)	(B)
①	maintain	easy
②	maintain	easier
③	maintaining	easy
④	maintaining	easier

해설 (A) 비교 대상이 주어인 명사구(a more serious problem)이기 때문에 (동)명사구 maintaining the cities는 맞는 표현이다.
(B) 뒤에 나오는 than과 병치를 이루어서 비교급 easier가 맞는 표현이다.

단어 **bathrobe** 실내복

해석 「도시를 유지하는 것보다 심각한 문제들이 있다. 혼자 일하는 게 더 편하게 되면서, 사람들은 덜 사회적으로 될지 모른다. 편한 운동복이나 실내복으로 집에 머무르는 것이 다른 사업상의 미팅을 위해서 갖추어 입는 것보다 더 쉽다.」

ANSWER 4.④

5 (A), (B)의 각 네모 안에서 어법에 맞는 표현으로 적절한 것은?

> If properly stored, broccoli will stay fresh for up to four days. The best way to store fresh bunches is to refrigerate them in an open plastic bag in the vegetable compartment, which will give them the right balance of humidity and air, and help preserve the vitamin C content. Don't wash the broccoli before (A) [store / storing] it since moisture on its surface (B) [encourage / encourages] the growth of mold.

	(A)	(B)
①	store	encourage
②	store	encourages
③	storing	encourage
④	storing	encourages

해설 (A) before(접속사) you store it에서 주어인 you가 Don't wash의 주어와 일치하여 생략되었고, 동사 store에 -ing를 붙여 분사구문의 형태를 취했다.
(B) encourage의 주어 moisture가 단수이므로 encourages로 써야 한다.

단어 **bunch** 다발, 송이 **compartment** 칸막이, 구획 **humidity** 습기

해석 「제대로 보관하면, 브로콜리는 최장 4일간 신선함을 유지할 수 있다. 싱싱한 송이를 보관하는 가장 좋은 방법은 열린 비닐봉지에 담아 야채 칸에 냉장 보관하는 것인데, 이는 습도와 공기의 적절한 균형을 주고 비타민C 함량을 보존하는 데 도움이 된다. 브로콜리는 표면의 습기가 곰팡이의 성장을 촉진시키므로 보관하기 전에 씻지 마라.」

ANSWER 5.④

6 (A), (B)의 각 네모 안에서 어법에 맞는 표현으로 적절한 것은?

> Code talkers was a term used to describe people who talk using a coded language. It is frequently used to describe Native Americans who served in the United States Marine Corps (A) [which / whose] primary job was the transmission of secret tactical messages. Code talkers transmitted these messages over military telephone or radio communications nets (B) [use / using] formal or informally developed codes built upon their native languages. Their service was very valuable because it enhanced the communications security of vital front line operations during World War II.

	(A)	(B)
①	which	use
②	which	using
③	whose	use
④	whose	using

해설 (A) primary job (of the United States Marine Corps) was the ~의 문장에서 the United States Marine Corps가 선행사로서 앞으로 나갔고, 그 소유의 primary job을 연결하면서 부연 설명을 하기 위해서는 소유격 관계대명사인 whose가 적절하다.

(B) 앞에 있는 명사 military telephone or radio communications nets를 수식하는 분사구문으로, 그것들이 formal or informally developed codes를 목적어로 받으면서 능동의 의미이므로 현재분사 using의 형태로 표현해야 한다.

단어 **code talker** 암호통신병 **primary** 우선적 **tactical** 전략적인 **transmit** 전송하다 **radio communications net** 무선통신 네트워크 **informally** 비형식적으로 **valuable** 가치 있는 **enhance** 향상시키다 **vital** 필수적인 **front line** 최전방 **operation** 작전

해석 「암호통신병은 암호화된 언어를 이용하여 말하는 사람들을 표현하기 위해 사용되는 용어였다. 이것은 기밀 전략 메시지의 전송이 우선적 임무였던 미국 해병대에서 근무했던 북미 원주민들을 묘사하기 위해서 빈번하게 사용된다. 이들은 이 메시지를 자신의 모국어를 기반으로 하는 형식적 암호나 비형식적으로 개발된 암호를 사용하여 군대 전화 혹은 무선통신 네트워크를 통해서 전송했다. 이들의 서비스는 매우 가치가 있었다. 그 이유는 그 서비스가 제2차 세계대전 중 최전방에서의 필수적인 작전에 대한 통신 보안을 향상시켰기 때문이다.」

ANSWER 6.④

7 (A), (B)의 각 네모 안에서 어법에 맞는 표현으로 적절한 것은?

One of your greatest mental powers (A) [is / are] imagination. You can visualize anything you want and you can embellish and exaggerate your imagery as much as you want. For example, you could imagine the free fatty acids being burned for energy in the "cellular powerhouse" – the mitochondria – and you could imagine the mitochondria as a fiery furnace... "incinerating" the fat! I think it's a pretty cool idea to "see" your fat cells shrinking and (B) [visualize / visualizing] your body as a "fat burning furnace".

	(A)	(B)
①	is	visualize
②	is	visualizing
③	are	visualize
④	are	visualizing

해설 (A) 주어로 쓰인 one of your greatest mental powers 명사구에서 one에 수일치를 시켜야 하므로 is가 적절하다.
(B) think의 목적절 it's a pretty cool idea to "see" ~ and visualize ~에서 it은 가주어이고, 진주어 to see와 (to) visualize가 등위접속사 and로 병렬구조로 나타나 있다.

단어 **visualize** 상상하다 **embellish** 꾸미다 **exaggerate** 과장하다 **imagery** 형상화 **fatty acid** 지방산 **cellular** 세포의 **powerhouse** 동력실 **fiery** 불타는 **furnace** 용광로 **incinerate** 소각하다 **shrink** 줄어들다

해석 「당신의 가장 큰 정신적인 힘 중 하나는 상상력이다. 당신은 자신이 원하는 것은 무엇이든지 상상할 수 있으며, 자신이 원하는 만큼 자신의 상상을 꾸미거나 과장할 수 있다. 예를 들어, 당신은 유리지방산이 "세포 동력실"인 – 미토콘드리아 – 에서 에너지를 내기 위해 연소되는 것을 상상할 수 있다. 그리고 미토콘드리아는 불타는 용광로로 지방을 "소각시키고 있는"것이라고 상상할 수 있다. 나는 지방조직이 줄어드는 것을 보고 신체를 "지방 연소 용광로"로 상상하는 것은 꽤 흥미로운 아이디어라고 생각한다.」

ANSWER 7.①

8 (A), (B)의 각 네모 안에서 어법에 맞는 표현으로 적절한 것은?

> Yesterday at the swimming pool everything seemed to go wrong. Soon after I arrived, I sat on my sunglasses and broke them. But my worst moment came when I decided to climb up to the high diving tower to see (A) [how / what] the view was like. Once I was up there, I realized that my friends were looking at me because they thought I was going to dive. I decided I was too afraid to dive from that height. So I climbed down the ladder, feeling very (B) [embarrass / embarrassed].

	(A)	(B)
①	how	embarrass
②	how	embarrassed
③	what	embarrass
④	what	embarrassed

해설 (A) see의 목적어 자리에 명사절이 와야 한다. the view was like에서 be like(~와 같다)의 목적어가 없으므로 완전한 문장이 아니다. 따라서 be like의 목적어 역할을 할 수 있는 의문대명사 what이 적절하다.
(B) embarrass는 '~을 당황시키다'라는 뜻이다. 주절의 주어 'I'가 '당황한' 것이므로 수동 형식으로 써서 나타낸다.

단어 **ladder** 사다리 **embarrassed** 당황스러운

해석 「어제 수영장에서 모든 것이 잘못되어가는 것처럼 보였다. 내가 도착한 직후 나는 나의 선글라스 위에 앉아서 그것을 부수었다. 그러나 나의 가장 최악의 순간은 전망이 어떤지 보기 위해 높은 다이빙대에 올라가기로 결심했을 때였다. 나는 거기에 올라가자마자 나의 친구들이 내가 다이빙을 할 것이라고 생각하고 나를 보고 있는 것을 깨달았다. 나는 너무 무서워서 그 높이에서 다이빙을 할 수 없다고 결정했다. 그래서 나는 사다리에서 내려왔고, 매우 창피했다.」

ANSWER 8.④

9 (A), (B)의 각 네모 안에서 어법에 맞는 표현으로 적절한 것은?

> A mutual aid group is a place where an individual brings a problem and asks for assistance. As the group members offer help to the individual with the problem, they are also helping (A) [them / themselves]. Each group member can make associations to a similar concern. This is one of the important ways in which (B) [give / giving] help in a mutual aid group is a form of self-help.

	(A)	(B)
①	them	give
②	them	giving
③	themselvse	give
④	themselvse	giving

해설 (A) help의 목적어로 주어인 they 자신을 받았으므로 재귀대명사 themselves가 적절하다.
(B) in which 절에서 완전한 문장이 와야 하고 동사 is 앞까지 주어가 되어야 한다. 동사가 주어 역할을 하기 위해서는 동명사 혹은 to부정사 형태를 취해야 하므로 giving 혹은 to give로 써준다.

단어 **mutual aid** 상호부조, 공제 **association** 연관(성) **assistance** 도움, 원조 **concern** 관계, 관심, 걱정

해석 「상호부조 단체는 개인이 문제를 가지고 와서 도움을 요청하는 곳이다. 단체의 구성원들은 문제가 있는 개인에게 도움을 주면서, 그들 자신 또한 돕는 것이 된다. 각 단체의 구성원은 비슷한 걱정거리에 대해 연관성을 만들 수 있다. 이것은 중요한 방법 중 하나인데 이러한 방법으로 상호부조 단체 내에서 도움을 주는 것은 스스로를 돕는 한 방법이 된다.」

ANSWER 9.④

10 (A), (B)의 각 네모 안에서 어법에 맞는 표현으로 적절한 것은?

> People who are satisfied appreciate what they have in life and don't worry about how it compares to (A) [what / which] others have. Valuing what you have over what you do not or cannot have (B) [lead / leads] to greater happiness. Four-year-old Alice runs to the Christmas tree and sees wonderful presents beneath it. No doubt she has received fewer presents than some of her friends, and she probably has not received some of the things she most wanted. But at that moment, she doesn't stop to think why there aren't more presents or to wonder what she may have asked for that she didn't get. Instead, she marvels at the treasures before her.

	(A)	(B)
①	what	lead
②	what	leads
③	which	lead
④	which	leads

해설 (A) compare to에서 to는 전치사이므로 명사구/명사절을 이끈다. others have가 오는 명사절에서 have의 목적어 역할도 해야 하므로 밑줄 친 자리에 올 수 있는 것은 what뿐이다. which는 선행사를 꾸미는 형용사절을 이끄는데, 이 문장에서는 선행사가 없으므로 which가 올 수 없다.

(B) 'Valuing what you have over ~ (주어)/ leads(동사) to greater happiness.'의 문장구조이다. Valuing 이하가 주어이므로 단수 취급하여 leads로 쓰는 것이 맞다.

단어 **value** 가치, ~을 가치 있게 여기다 **beneath** ~아래에 **no doubt** 의심할 여지가 없이 ~일 것이다 **marvel** 경이로워하다

해석 「만족하는 사람은 그들이 삶에서 가진 것을 감사히 여긴다. 그리고 그것이 다른 사람들이 가진 것에 어떻게 비교되는지에 대해 걱정하지 않는다. 당신이 가진 것을 가치 있게 여기는 것은 당신이 가지고 있지 않거나 가질 수 없는 것을 넘어 더 큰 행복으로 이어진다. 네 살배기 앨리스는 크리스마스트리로 달려가서 그것 아래에 있는 아주 멋진 선물들을 본다. 아마 그녀는 의심할 여지 없이 그녀의 친구들 중 몇몇보다 더 적은 선물들을 받았을 것이다. 그리고 그녀는 아마도 그녀가 가장 원하던 것들 중 몇몇을 받지 못했을 것이다. 그러나 그 순간 그녀는 왜 더 많은 선물들이 없는지 생각하려고, 또는 그녀가 얻지 못한 것에 대해 무엇을 요청할 수 있었을지 궁금해 하려고 멈추지 않는다. 대신 그녀는 그녀 앞에 놓인 보물들에 경이로워 한다.」

ANSWER 10.②

11 (A), (B)의 각 네모 안에서 어법에 맞는 표현으로 적절한 것은?

> Sometimes a sentence fails to say (A) [what / which] you mean because its elements don't make proper connections. Then you have to revise by shuffling the components around, (B) [juxtapose / juxtaposing] those that should link, and separating those that should not. To get your meaning across, you not only have to choose the right words, but you have to put them in the right order. Words in disarray produce only nonsense.

	(A)	(B)
①	what	juxtapose
②	what	juxtaposing
③	which	juxtapose
④	which	juxtaposing

해설 (A) say의 목적어로 명사절을 이끄는 that 혹은 what이 올 수 있는데, say의 목적절 안에서 mean의 목적어 자리가 비어 있으므로 what이 와야 한다.
(B) 'Then you have to revise by shuffling ~, juxtaposing ~, and separating ~.'의 구조이다. 전치사 by 뒤에서 shuffling, juxtaposing, separating이 병렬구조를 이루고 있다.

단어 **element** 요소, 성분 **revise** 수정하다, 변경하다 **shuffle** 섞다, 이리저리 바꾸다, 정리하다 **component** 요소 **juxtapose** 병치하다, 나란히 놓다 **get across** (의미가 ~에게) 전달되다, 이해되다 **in disarray** 혼란해져, 어지럽게 뒤섞여

해석 「때때로 문장이 당신이 의미하는 바를 나타내지 못할 때가 있는데, 왜냐하면 그 문장의 요소들이 적절한 연결성을 만들어내지 못하기 때문이다. 그렇다면 당신은 주변 요소들을 이리저리 뒤섞음으로써, 연결해야 할 것들을 나란히 놓음으로써, 그리고 연결하지 말아야 하는 것을 분리시킴으로써 (문장을) 수정해야 한다. 당신이 의미하는 바를 이해시키기 위해서는 정확한 단어들을 선택해야 할 뿐만 아니라, 그 단어들을 올바른 위치에 배치해야 한다. 어지럽게 뒤섞여 있는 단어들은 오직 난센스를 만들어 낼 뿐이다.」

ANSWER 11.②

12 (A), (B)의 각 네모 안에서 어법에 맞는 표현으로 적절한 것은?

> When I was growing up, many people asked me if I was going to follow in my father's footsteps, to be a teacher. As a kid, I remember (A) [saying / to say], "No way. I'm going to go into business." Years later I found out that I actually love teaching. I enjoyed teaching because I taught in the method in which I learn best. I learn best via games, cooperative competition, group discussion, and lessons. Instead of punishing mistakes, I encouraged mistakes. Instead of asking students to take the test on their own, they (B) [required / were required] to take tests as a team. In other words, action first, mistakes second, lessons third, laughter fourth.

	(A)	(B)
①	saying	required
②	saying	were required
③	to say	required
④	to say	were required

해설 (A) 'remember to ~'는 '(앞으로 ~할 것을) 기억하다'의 의미이고, 'remember ~ing'는 '(과거에 ~했던 것을) 기억하다'는 뜻이다. 어렸을 때(as a kid) 했던 말이므로, remember saying이 와야 한다.
(B) required의 주어 they는 학생들을 의미하고, 이 학생들이 시험을 보도록 요구받는 것이므로 수동태인 were required가 되어야 한다.

단어 **follow in somebody's footsteps** ~의 선례를 좇아 나아가다 **via** ~을 통해서

해석 「내가 자랄 때, 많은 사람들은 내게 나의 아버지의 뒤를 따라 교사가 될 것인지 물었다. 아이일 때 '아뇨, 전 사업 할래요.'라고 대답했던 것을 기억한다. 수년 뒤에 난, 내가 사실 가르치는 것을 매우 좋아한다는 것을 알게 되었다. 나는 내가 가장 잘 배울 수 있는 방법으로 가르쳤기 때문에 가르치는 것이 즐거웠다. 나는 게임과, 협력적 경쟁, 집단토론, 그리고 수업들을 통해 가장 잘 배운다. 실수를 벌하는 대신, 실수들을 장려한다. 학생들이 그들 혼자서 시험을 치르도록 요구하는 대신, 그들은 팀을 이루어 시험을 치르도록 요구받았다. 다시 말해 행동이 먼저였고, 실수가 그 뒤를 따르면, 그것을 통해 교훈을 얻고, 결국에는 웃을 수 있었다.」

ANSWER 12.②

13 (A), (B)의 각 네모 안에서 어법에 맞는 표현으로 적절한 것은?

> Sometimes there is nothing you can do to stop yourself falling ill. But if you lead a healthy life, you will probably be able to get better much more quickly. We can all avoid (A) [do / doing] things that we know (B) [damage / damages] the body, such as smoking cigarettes, drinking too much alcohol or taking harmful drugs.

	(A)	(B)
①	do	damage
②	do	damages
③	doing	damage
④	doing	damages

해설 (A) avoid는 목적어로 동명사를 취한다.
(B) that절에서 we know는 삽입절이고 damages the body가 수식하는 선행사는 things이다. 관계사절의 주어가 복수형이므로 동사 또한 수를 일치시켜 damage로 써야 한다.

단어 fall ill 병에 걸리다

해석 「때때로 당신이 병에 걸리는 것을 막기 위해 당신이 할 수 있는 것은 아무것도 없다. 그러나 만약 당신이 건강한 삶을 유지한다면 당신은 아마 훨씬 더 빨리 회복될 것이다. 우리는 흡연이나 과음, 또는 마약 복용과 같이 우리 몸에 해를 준다고 알고 있는 것들을 하는 것을 피할 수 있다.」

ANSWER 13.③

14 (A), (B)의 각 네모 안에서 어법에 맞는 표현으로 적절한 것은?

> The cartoon character SpongeBob SquarePants is in hot water from a study (A) [suggested / suggesting] that watching just nine minutes of that program can cause short–term attention and learning problems in 4–year–(B) [old / olds].

	(A)	(B)
①	suggested	old
②	suggested	olds
③	suggesting	old
④	suggesting	olds

해설 (A) suggesting that~은 선행사 study를 꾸며주고 있다. suggesting 다음에 목적어 that절이 있으므로 능동 형태로 오는 것이 적절하다.

(B) 4–year–old는 '네 살짜리(의)'의 뜻으로, 수식을 받는 명사가 보통 뒤에 위치한다. 여기서는 따로 없으므로 s를 붙여 4–year–olds로 그 자체가 명사가 되어 '네 살짜리 아이들'로 써야 한다.

단어 **in hot water** 곤경에 처한

해석 「만화 캐릭터인 스폰지밥 스퀘어팬츠는 이 프로그램을 단지 9분만 시청하면 4세 유아들에게 단기 집중력과 학습 장애를 일으킬 수 있다고 제의하는 연구로 인해 곤경에 처했다.」

ANSWER 14.④

15 (A), (B), (C)의 각 괄호 안에서 어법에 맞는 표현으로 가장 적절한 것은?

A natural habitat can change for natural reasons or unnatural reasons. As regards to the former, climate change is a major possibility. Natural grasslands are the result of a specific set of climatic characteristics. So if those climatic factors change, you would expect grasslands (A) [change / to change], too. Now ample evidence exists of climate change in Africa. But the nature and extent of it is insufficient to explain the wholesale disappearance of grasslands over the wide area (B) [indicated / indicating] on the map. So climate is not the culprit. Instead, the fault lies elsewhere and mainly (C) [take / takes] the form of human beings.

	(A)	(B)	(C)
①	change	indicated	take
②	change	indicating	takes
③	to change	indicated	take
④	to change	indicated	takes

해설 (A) expect + 목적어 + to 동사원형 ~가 ~하는 것을 기대하다
(B) indicate가 '~을 나타내다'라는 의미로 사용될 경우 목적어가 필요한데 목적어가 없기 때문에 수동으로 써야 한다.
(C) fault는 lies와 takes의 공통 주어이다. 따라서 lies와 마찬가지로 단수 동사 형태인 takes로 써야 한다.

단어 **habitat** 서식지 **as regards to** ~과 관련하여 **ample** 충분한 **extent** 규모, 정도 **climatic** 기후의 **grassland** 초원 **culprit** 장본인 **indicate** 나타내다 **wholesale** 대량의 **insufficient** 불충분한

해석 「자연 서식지는 자연적인 이유 또는 비자연적인 이유로 변할 수 있다. 전자의 경우는 기후의 변화가 주된 가능성이 된다. 자연 초원은 특정 기후의 특성의 결과로 만들어진다. 그래서 만약 이와 같은 기후 요소가 변한다면 초원도 변할 것이다. 지금 기후 변화에 대한 충분한 증거가 아프리카에 존재한다. 하지만, 자연과 자연의 규모는 지도 위에 나타나는 광범위한 지역에서 대량의 초원이 사라진 것을 설명하기에는 불충분하다. 그래서 기후는 주된 요소가 아니다. 대신에, 잘못은 다른 곳에 있으며 주로 인간의 형태를 한다.」

ANSWER 15.④

16 어법상 빈칸에 들어가기에 적절한 것은?

> _______ test positive for antibiotics when tanker trucks arrive at a milk processing plant, according to the Federal Law, the entire truckload must be discarded.

① Should milk
② If milk
③ If milk is
④ Were milk

해설 ① the entire truckload가 주어, must be discarded가 동사로서 주절을 이룬다. 따라서 앞 문장은 종속절이 되어야 하므로 접속사가 필요하다. 'If milk should test positive~'에서 If가 생략되고 도치되어 'should milk test positive~'가 되었다.
② If milk test positive~는 동사가 주어 milk에 맞춰 tests가 되어야 하므로 올 수 없다.
③ If milk is test positive~는 동사가 be동사, test 두 개가 되어 틀린 문장이 된다.
④ were, test 두 개의 동사가 되므로 틀린 문장이다.

단어 **antibiotic** 항생제 **truckload** 트럭 한 대 분량의 **discard** 버리다, 폐기하다

해석 「탱커트럭들이 우유 처리 공장에 도착할 때, 우유가 항생물질에 대해 양성반응이 나오면 연방법에 따라 트럭 전체에 실린 양이 폐기되어야 한다.」

17 어법상 빈칸에 들어가기에 적절한 것은?

> The sales industry is one _______ constant interaction is required, so good social skills are a must.

① but which
② in which
③ those which
④ which

해설 빈칸에는 one을 수식하는 관계사가 와야 하는데 뒤에 문장이 완전하므로 관계 부사(전치사 + 관계 대명사)가 와야 한다.

단어 **social skill** 사회적 기능

해석 「판매업은 지속적인 상호작용이 요구되는 하나의 사업영역이다. 그래서 능숙한 사교술이 필수적이다.」

ANSWER 16.① 17.②

18 밑줄 친 부분 중 어법상 옳지 않은 것은?

> A college girl was really ① upset with her father. She was ashamed of him because he didn't treat his workers well. She demanded that he ② shared the profits with the employees. She explained to him ③ how unfairly workers ④ were treated.

해설 ② demand처럼 주장, 요구, 명령, 제안 동사가 오고 that절에는 should의 의미가 생략되어 있다면 that절에서는 동사원형이 와야 한다. 따라서 'shared'를 'share'로 고쳐야 한다.

단어 **ashamed** (~여서) 부끄러운 **unfairly** 불공평하게, 편파적으로

해석 「한 여대생은 그녀의 아버지에게 진심으로 속이 상했다. 그녀는 그녀의 아버지가 직원들을 잘 대하지 않아서 아버지가 부끄러웠다. 그녀는 아버지에게 종업원들과 이익을 나누라고 강력하게 요구하였다. 그녀는 그에게 직원들이 얼마나 부당하게 대우받는지 설명했다.」

19 다음 중 문법상 옳지 않은 것은?

> Scanning the newspaper for ① job openings and then filing an application with the company's ② human resources department ③ are one way of looking for a job but ④ often not the most effective.

해설 ③ 'scanning ~ and then filing ~'이라는 두 개의 동명사가 오더라도 하나의 행위에 해당하므로 단수동사 is를 써야 한다.

단어 **job openings** 채용공고 **application** 지원서 **file** 제출하다 **human resources department** 인사부

해석 「채용공고들에 대한 신문을 검색하고 그 회사의 인사부에 지원서를 제출하는 것은 구직의 한 방법이지만 가끔 가장 효과적인 것은 아니다.」

ANSWER 18.② 19.③

20 다음 글에서 밑줄 친 부분 중 어법상 틀린 것은?

The works of discovery in every age ① shape—and shake up—the thinking of the whole literate community. And this effect has multiplied with the rise of democracy and literacy. The familiar example, of course, is ② how the works of Copernicus(1473–1543) and his followers disturbed Western culture with the realization that the earth was no longer the center. More ③ recently examples are the impact of Darwinian biology and Freudian psychology. Nowadays, the space sciences, arcane and specialized ④ though they have become, continue to have a profound and wide influence on the whole community's thinking.

해설 ③ 뒤에 따르는 examples를 꾸며주기 때문에 부사인 recently가 아니라 형용사인 recent로 써야 한다.

단어 **discovery** 발견 **shape** 형성하다 **shake up** ~을 일깨우다 **literate** 글을 읽고 쓸 줄 아는 **multiply** 증가하다 **democracy** 민주주의 **follower** 추종자 **disturb** 방해하다, 혼란스럽게 하다 **arcane** 신비로운 **profound** 심오한 **specialized** 특화된

해석 「어느 시대에서든 발견은 전체 지식 사회의 사고를 형성하고 일깨운다. 그리고 이 같은 효과는 민주주의와 글을 읽고 쓸 줄 아는 능력이 증가되면서 더욱 커졌다. 물론, 익숙한 예로 코페르니쿠스(1473–1543)와 그의 추종자들의 발견이 지구가 더 이상 중심이 아니라는 사실에 대한 인식으로 서양의 문화를 어떻게 혼란스럽게 만들었는지에 대해 생각해 볼 수 있다. 더 최근 예제로 다윈의 생물학과 프로이드의 심리학이 가지는 영향을 생각해 볼 수 있다. 요즘에는 비록 신비롭고 특화된 영역이 되었지만, 우주과학은 전체 사회의 사고에 심오하고 광범위한 영향을 미치게 되었다.」

ANSWER 20.③

Speed Check 03 독해

2021 소방공무원

1 다음 글의 요지로 가장 적절한 것은?

> Their expanding business became a large corporation in 1996, with three generations of Parks working together. Helene is the expert on cooking. Helene's husband Danny Park is good at making decisions. Their daughter Hannah is good with computers. Hannah's husband Danny Vu is good at thinking of new ideas and doing research. Hannah's sister Elizabeth is the family designer. She designs the insides of the restaurants. Their sister Mina is good at managing. Elizabeth says, "If you're going to work as a family, you have to know what you're good at. We work well together because we have different strengths."

① Only family businesses are successful.
② Family members have different strengths that help thebusiness.
③ Family businesses can have problems.
④ Family members have almost similar strengths.

단어 **corporation** (큰 규모의) 기업

해석 「그들의 확장 사업은 1996년에 3대의 Parks가 함께 일하는 대기업이 되었다. Helene은 요리 전문가이다. Helene의 남편 Danny Park은 결정을 잘한다. 그들의 딸 Hannah는 컴퓨터를 잘한다. Hannah의 남편 Danny Vu는 새로운 아이디어를 생각하고 연구를 하는 것을 잘한다. Hannah의 여동생 Elizabeth는 가족 디자이너이다. 그녀는 식당 내부를 디자인한다. 그들의 여동생 Mina는 관리를 잘한다. Elizabeth는 "가족으로 일하려면, 자신이 무엇을 잘하는지 알아야 합니다. 우리는 서로 다른 강점을 가졌기 때문에 잘 협력합니다."라고 말한다.」

보기 ① 오직 가족 사업만이 성공한다.
② 가족 구성원은 사업에 도움이 되는 다른 강점이 있다.
③ 가족 사업에는 문제가 있을 수 있다.
④ 가족 구성원은 거의 비슷한 강점이 있다.

ANSWER 1.②

2021 소방공무원

2 소방관의 식단에 관한 다음 글의 내용과 일치하지 않는 것은?

> Firefighting is a demanding job that will need 6,000 calories daily. Firefighters who don't eat sufficient calories will get exhausted and eliminate body fat and muscle. Consuming a lot of calories within the months and weeks of a busy fire season may harm immune function and result in illness. This really isn't the opportunity to drop weight. Firefighters should test their weight every two weeks to track their energy balance. The very best time to consider is at the morning prior to breakfast.

① 불을 끄는 일에는 하루에 6,000칼로리가 필요하다.
② 소방관이 칼로리를 충분히 섭취하지 않으면 근육을 잃는다.
③ 칼로리를 많이 소모하면 면역 기능을 손상시킬 수 있다.
④ 소방관이 몸무게를 확인하기 좋은 시간은 잠자기 전이다.

단어 **demanding** 부담이 큰, 힘든 **sufficient** 충분한 **exhausted** 기진맥진한 **eliminate** 없애다, 제거하다 **consume** 소모하다 **immune function** 면역 기능 **prior** 이전의, 앞의

해석 「소방활동은 하루에 6,000칼로리가 필요한 힘든 직업이다. 충분한 칼로리를 섭취하지 않는 소방관들은 지칠 것이고 체지방과 근육을 잃는다. 바쁜 화재 철의 몇 달과 몇 주 안에 많은 칼로리를 소비하는 것은 면역 기능을 해치고 질병을 일으킬 수 있다. 이것은 정말로 살을 뺄 기회가 아니다. 소방관들은 에너지 균형을 추적하기 위해 2주에 한 번씩 체중을 재야 한다. 고려해야 할 가장 좋은 시간은 아침 식사 전이다.」

ANSWER 2.④

2021 소방공무원

3 **다음 글의 제목으로 가장 적절한 것은?**

> Only 10 to 15 percent of wildfires occur on their own in nature. The other 85 to 90 percent result from human causes, including unattended camp and debris fires, discarded cigarettes, and arson. Naturally occurring wildfires can spark during dry weather and droughts. In these conditions, normally green vegetation can convert into bone-dry, flammable fuel; strong winds spread fire quickly; and warm temperatures encourage combustion. With these ingredients, the only thing missing is a spark — in the form of lightning, arson, a downed power line, or a burning campfire or cigarette — to wreak havoc.

① How Wildfires Start

② Benefits of Wildfires

③ What to Do in a Wildfire

④ How Wildfires Are Stopped

단어 **unattended** 주인이 옆에 없는, 지켜보는 사람이 없는 **debris** 잔해 **discard** 버리다 **arson** 방화 **convert into** ~으로 바꾸다[전환하다] **bone-dry** 바싹 마른 **flammable** 가연[인화]성의 **combustion** 연소 **ingredient** 재료, 구성요소 **havoc** 대혼란

해석 「불과 산불의 10에서 15 퍼센트만이 자연적으로 발생한다. 나머지 85에서 90 퍼센트는 지켜보는 사람이 없는 캠프와 잔해 화재, 버려진 담배, 방화를 포함한 인간의 원인에서 기인한다. 자연적으로 발생하는 산불은 건조한 날씨와 가뭄 동안 발생할 수 있다. 이러한 조건에서는 일반적으로 녹색 초목이 바싹 마른, 인화성 연료로 전환될 수 있으며; 강한 바람이 빠르게 불을 확산시키며; 따뜻한 온도는 연소를 촉진한다. 이 재료들에서, 대혼란을 일으키기 위해 유일하게 빠진 것은 – 번개, 방화, 다운된 전력선, 또는 타오르는 캠프파이어나 담배의 형태를 한 – 불꽃이다.」

보기 ① 산불은 어떻게 시작되는가
② 산불의 혜택
③ 산불이 났을 때 해야 할 일
④ 산불을 저지하는 방법

ANSWER 3.①

2021 소방공무원

4 빈칸에 들어갈 말로 가장 적절한 것은?

Almost every successful online membership company offers free trials. By offering a free trial to consumers, you're giving customers ____________ over that product or service, which develops an emotional attachment. When the trial period ends, consumers have to choose between losing the product or paying for continuing the service. Customers new to VOD can take out a 30-day free trial to see if the service works for them, which you'd think is a big loss-maker for the company — but it's quite the opposite.

① the loss of health
② the choice of candidates
③ the feeling of ownership
④ the permanent residence

단어 **trial** (특히 최종 결정을 내리기 전의) 시험 **attachment** 애착

해석 「거의 모든 성공적인 온라인 회원 회사는 무료 체험판을 제공한다. 소비자들에게 무료 체험판을 제공함으로써, 고객에게 제품이나 서비스에 대한 소유의 느낌을 주고, 이는 정서적인 애착을 갖게 한다. 체험판 사용 기간이 종료되면 소비자들은 제품을 잃거나 서비스를 지속하는 데 드는 비용 지불 중 하나를 선택해야 한다. VOD를 처음 접한 고객은 30일 무료 체험판을 통해 서비스가 제대로 작동하는지 확인할 수 있다, 이는 회사에 큰 손실 요인처럼 생각된다 - 하지만 이는 정반대이다.」

보기 ① 건강의 상실
② 후보자의 선택
③ 소유의 느낌
④ 영주(永住)

ANSWER 4.③

2021 소방공무원

5 **다음 글의 제목으로 가장 적절한 것은?**

Psychologists need to always be aware that no two people are the same. No one understands language the same way since their understanding will be linked to their personal experience of the world. So, psychologists try to help the client develop their own understanding of their situation. They enable clients to explore aspects of their life and feelings by being able to talk openly and freely. Good counselling should reduce the client's confusion, allowing them to make effective decisions that lead to positive changes in their attitude or behaviour. The ultimate aim of a psychologist is to allow the client to make their own choices, reach their own decisions and act upon them.

① New Relationship Between Nurses and Clients
② Physical Health Treatments for Young People
③ Roles of a Psychologist
④ Disadvantages of Professional Counselling Services

단어 **aware** ~을 알고[의식/자각하고] 있는 **be linked to** ~와 연결되다 **enable** ~을 할 수 있게 하다 **explore** 탐구하다 **aspect** 양상 **ultimate** 궁극적인 **aim** 목적, 목표

해석 「심리학자들은 두 사람이 같지 않다는 것을 항상 인식할 필요가 있다. 그들의 이해는 그들의 개인적인 세상 경험으로 연결될 것이기 때문에 아무도 언어를 같은 방식으로 이해하지 못한다. 그래서, 심리학자들은 고객이 그들의 상황에 대한 그들 자신의 이해를 발전시키는 것을 도우려고 노력한다. 그들은 고객이 공개적으로 자유롭게 대화할 수 있게 함으로써, 그들의 삶의 양상과 감정을 탐구할 수 있게 한다. 좋은 상담은 고객의 혼란을 줄여 그들의 태도나 행동에 긍정적인 변화를 가져오는 효과적인 결정을 할 수 있게 해야 한다. 심리학자의 궁극적인 목표는 고객이 스스로 선택하고, 자신의 결정에 도달하고, 그에 따라 행동하도록 만드는 것이다.」

보기 ① 간호사와 고객 사이의 새로운 관계
② 청년을 위한 신체 건강 치료법
③ 심리학자의 역할
④ 전문 상담 서비스의 단점

ANSWER 5.③

2020 소방공무원

6 **빈칸에 들어갈 말로 가장 적절한 것은?**

Place an egg in a bowl of water. If the egg immediately sinks and lies on its side at the bottom, it is quite fresh. This is because the amount of air inside the egg is very small. However, when the egg starts to lose its freshness and has more air, it will start to float and stand upright. Therefore, if the egg completely floats to the top and doesn't touch the bottom at all, it means that ____________________.

① it's at its prime
② you should throw it away
③ the water is not clean enough
④ it is still good to eat

해설 'it means that'으로 보아 앞에서 언급한 내용이 의미하는 바를 찾아야 한다.

단어 **immediately** 즉시 **upright** 직립한, 똑바로 **completely** 완전히

해석 「달걀을 물이 담긴 그릇에 조심히 놓아라. 만약 달걀이 즉시 가라앉아 밑바닥에 옆으로 눕는다면, 그 달걀은 꽤 신선한 것이다. 이것은 달걀 내부의 공기의 양이 매우 적기 때문이다. 그러나 달걀이 신선함을 잃기 시작하고 공기가 많아지면, 달걀은 뜨기 시작해서 똑바로 서게 된다. 따라서 만약 달걀이 완전히 위에 떠서 전혀 바닥에 닿지 않으면 당신은 그것을 버려야 한다는 뜻이다.」

보기 ① 한창때가 되다
② 당신은 그것을 버려야 한다
③ 그 물이 충분히 깨끗하지 않다
④ 그것은 아직 먹기에 좋다

ANSWER 6.②

2020 소방공무원

7 다음 글의 요지로 가장 적절한 것은?

Spiders are eight-legged bugs. Many people fear them. Spiders make webs in houses. Many people think that spider webs are dirty, so they sweep away the webs and kill the spiders. They may not know that spider webs catch flies, cockroaches, and other insects that bring sickness. Most spiders can help to keep a household healthy. Spiders are really useful household guests.

① Spiders like to help people.
② Spiders are dangerous and should be killed.
③ Most spiders make dirty webs in houses.
④ Most spiders are helpful to people.

해설 글의 요지를 찾는 유형의 경우 대게 지문의 맨 처음이나 끝에 주제문이 위치한다.

단어 **spider** 거미 **fear** 무서워하다 **cockroach** 바퀴벌레 **sweep** (방 등을 빗자루로) 쓸다, (어떤 것을 없애기 위해 빗자루 손 등으로) 쓸다

해석 「거미는 다리가 여덟 개 달린 벌레다. 많은 사람들이 그들을 무서워한다. 거미는 집에다 거미줄을 친다. 많은 사람들은 거미줄이 더럽다고 생각해서, 거미줄을 쓸어내고 거미를 죽인다. 그들은 거미줄이 파리, 바퀴벌레, 그리고 질병을 일으키는 다른 곤충들을 잡는다는 것을 모를 수도 있다. 대부분의 거미들은 가정을 건강하게 유지하는 데 도움을 줄 수 있다. 거미는 정말 유용한 가정 손님이다.」

보기 ① 거미는 사람을 돕는 것을 좋아한다.
② 거미는 위험하므로 죽여야 한다.
③ 대부분의 거미들은 집에다 더러운 거미줄을 만든다.
④ 대부분의 거미는 사람들에게 도움이 된다.

ANSWER 7.④

2020 소방공무원

8 **다음 글의 요지로 가장 적절한 것은?**

When you call 119, the best and fastest way to get a response to your emergency is to patiently answer all the questions the call-taker asks you. We understand that it can be difficult to be patient when you're terrified, but if you can remain as calm as possible and answer questions clearly, things will go much faster. When seconds count, you don't want to waste any time repeating yourself, or screaming while the call-taker tries to calm you down.

① 119에 전화할 때는 침착하게 상담원의 질문에 대답하여야 한다.
② 119에 전화할 때 환자의 정보를 미리 파악하고 있으면 도움이 된다.
③ 119 상담원은 사고에 대하여 가능한 한 많은 질문을 하여야 한다.
④ 119 상담원은 신고자를 진정시키기 위해 노력해야 한다.

해설 글의 요지를 찾는 유형의 경우 대게 지문의 맨 처음이나 끝에 주제문이 위치한다. 이 글의 경우 주제문이 맨 처음에 나오고 있다.

단어 **patiently** 끈기 있게 **clearly** 분명하게 **scream** 비명을 지르다 **be terrified** 공포에 휩싸이다 **as ~ as possible** 될 수 있는 대로, 가급적

해석 「119에 전화를 걸 때, 응급상황에 대응하는 가장 좋고 빠른 방법은 상담원이 묻는 모든 질문에 끈기 있게 대답하는 것이다. 우리는 공포에 질려 있을 때 인내심을 갖기가 어려울 수 있다는 것을 이해하지만, 만약 당신이 가능한 한 침착한 채로 질문에 명료하게 대답할 수 있다면, 상황은 훨씬 더 빨리 진행될 것이다. 한시가 급할 때, 같은 말을 반복하거나 상담원이 당신을 진정시키기 위해 노력하는 동안 비명을 지르느라 시간을 낭비하고 싶지 않을 것이다.」

ANSWER 8.①

2020 소방공무원

9 다음 글의 제목으로 가장 적절한 것은?

> Everyday dangers can be classified into three basic types : diseases, mistakes, and unsafe equipment. These dangers are everywhere but can be avoided if you follow just a few simple tips. To avoid getting sick, my best advice is to wash your hands. You should wash your hands regularly, especially if you have been hanging out with friends. To avoid dangers resulting from mistakes, you don't have to give up activities such as cycling and cooking, but you have to be careful anytime you are doing them. Do not daydream. Finally, avoid using unsafe equipment. This is very simple. If a chair looks weak, do not stand on it. If a glass is cracked, do not drink from it.

① Three Efforts to Keep Your Body Clean
② The Importance of Being Considerate of Others
③ Safety Guidelines for the Risks of Daily Life
④ Rules for the Prevention of Chronic Diseases

해설 제목은 지문의 내용을 포괄적으로 표현한 것이어야 한다. 일상적인 위험을 세 가지로 분류하고 각각에 대해 피할 수 있는 팁을 주고 있다.

단어 **classify** 분류하다 **equipment** 장비, 설비 **avoid** 방지하다, 피하다 **especially** 특히 **daydream** 공상, 몽상 **crack** 깨뜨리다

해석 「일상적인 위험은 질병, 실수, 안전하지 않은 장비의 세 가지 기본 유형으로 분류할 수 있다. 이러한 위험은 어디에나 있지만 몇 가지 간단한 팁만 따르면 피할 수 있다. 아프지 않으려면, 손을 씻으라는 것이 나의 최선의 조언이다. 특히 친구들과 어울려 놀았다면, 손을 규칙적으로 씻어야 한다. 실수에 따른 위험을 피하기 위해 자전거 타기, 요리하기 등의 활동을 포기할 필요는 없지만, 그것을 할 때마다 조심해야 한다. 공상에 잠기지 마라(→ 딴생각 하지 마라). 마지막으로 안전하지 않은 장비를 사용하지 마라. 이것은 매우 간단하다. 의자가 약해 보이면 그 위에 서지 마라. 유리잔에 금이 갔으면, 그 잔에서 물을 마시지 마라.」

보기 ① 몸을 청결하게 유지하기 위한 세 가지 노력
② 타인을 배려하는 것의 중요성
③ 일상생활의 위험에 대한 안전지침
④ 만성질환 예방에 관한 규칙

ANSWER 9.③

2020 소방공무원

10 다음 중 B가 말한 내용과 일치하지 않는 것은?

A : What is the hardest thing about working as a firefighter in Korea?

B : In the United States, if a firefighter has a child of a similar age to a victim at a scene, a psychological counselor immediately starts his consultation after the firefighter is done with his rescue. I think we should start this kind of system as soon as possible so that firefighters in Korea can receive help before they suffer from depression.

A : Oh, I see. By the way, what is your goal as a firefighter?

B : One of my goals is to host the 2025 International Fire Instructor's Workshop (IFIW), an annual event that gathers firefighters and fire experts to share and exchange their knowledge. Since 2015, I've been participating in the workshops as a Korean representative.

A : What do you do to achieve that goal?

B : I applied for a program that will send me to Australia for a year to work with local firefighters.

① 미국의 소방관 심리상담 시스템이 한국에서도 시행되기를 원한다.
② 2025년 국제 소방강사 워크숍의 한국 개최를 목표로 삼고 있다.
③ 2015년부터 국제 소방강사 워크숍에 한국 대표로 참여해 왔다.
④ 1년 동안 호주에서 현지 소방관들과 일해 본 경험이 있다.

해설 소방관을 인터뷰하고 있는 상황이다. B의 대답과 보기를 비교하며 풀이해 나간다.

단어 **victim** (범죄 · 질병 · 사고 등의) 피해자 **scene** 현장, 장면 **consultation** 상담, 협의, 진찰 **rescue** 구출, 구조 **suffer** 시달리다, 고통받다 **depression** 우울증 **host** 주최하다 **Instructor** 강사, 지도자 **annual** 매년의, 연례의 **expert** 전문가 **representative** 대표자, 대리인 **achieve** 달성하다, 성취하다

해석 「A : 한국에서 소방관으로 일하면서 가장 힘든 점은 무엇입니까?
B : 미국의 경우, 만약 소방관이 현장에 있던 피해자와 비슷한 또래의 아이가 있다면, 심리상담사가 소방관의 구조작업이 끝난 후 즉시 상담을 시작합니다. 저는 한국의 소방관들이 우울증에 시달리기 전에 도움을 받을 수 있도록 이런 제도를 가능한 한 빨리 시작해야 한다고 생각합니다.
A : 아, 그렇군요. 그런데, 소방관으로서의 당신의 목표는 무엇입니까?
B : 제 목표 중 하나는 소방관과 소방 전문가가 모여 지식을 공유하고 교류하는 연례행사인 2025 국제소방지도사 워크숍 (IFIW)을 개최하는 것입니다. 2015년부터 저는 한국 대표로 이 워크숍에 참가하고 있습니다.
A : 그 목표를 달성하기 위해 무엇을 하십니까?
B : 지역 소방관들과 함께 일하기 위해 1년간 호주로 파견하는 프로그램에 지원했습니다.」

ANSWER 10.④

2019 소방공무원

11 다음 글의 요지로 가장 적절한 것은?

Kids must feel loved. Indeed, the lack of self-esteem in those who do not has been the subject of many studies. In terms of a child's experience, though, what does love mean? Child development expert Penelope Leach says that a child should feel that at least one person of importance thinks he or she is just wonderful. This makes a person value and love himself or herself. It makes the person capable of valuing and loving other people. And this, surely, is a vital source of happiness.

① 도덕성이 높은 아이가 자존감도 높다.
② 아이의 발달은 자신의 특성에 대한 인식에서 시작된다.
③ 아이가 행복하려면 중요한 사람에게 인정받아 생기는 자존감이 필요하다.
④ 아이는 다른 사람을 존중하는 마음을 자신의 부모에게서 가장 잘 배운다.

해설 'self-esteem'이 'a vital source of happiness'라는 것이 이 글의 핵심이다.

단어 **self-esteem** 자존감, 자부심 **capable** ~을 할 수 있는 **vital** 필수적인 **source** 원천

해석 「아이들은 사랑을 느껴야 한다. 실제로, 그렇지 않은 사람에 대한 자존감의 부족은 많은 연구의 주제가 되어 왔다. 그렇지만 어린이의 경험이라는 면에서, 사랑은 무엇을 의미하는가? 아동 계발 전문가인 페넬로페 리치는 어린이는 적어도 한 명의 중요한 사람이 그 또는 그녀가 그저 훌륭하다고 생각한다는 것을 느껴야 한다고 말한다. 이렇게 되면 사람은 자기 자신을 소중하게 여기고 사랑하게 된다. 그것은 그 사람이 다른 사람들을 소중히 여기고 사랑할 수 있게 한다. 그리고 이것은, 확실히, 행복의 필수적인 원천이다.」

ANSWER 11.③

2019 소방공무원

12 다음 Rogers를 인터뷰한 내용과 일치하지 않는 것은?

> Interviewer : What is an average day at your job like?
>
> Rogers : That depends on what time of year it is. For most of the year, I work in my office. I do research on the computer and read and write scientific articles. But, during hurricane season, I get the chance to fly into hurricanes.
>
> Interviewer : You fly into hurricanes?
>
> Rogers : Yes. We fly into storms to measure them. One of our jobs is to find out exactly the location of the center of storms. In a storm, it's really exciting.
>
> Interviewer : Is it only you on the airplane?
>
> Rogers : No, there are usually 15 to 18 people on the plane. These include pilots, engineers, and the scientific crew.

① 일 년의 대부분을 사무실에서 일한다.
② 과학 기사를 쓰기도 한다.
③ 허리케인 속으로 들어가 직접 측정한 적이 있다.
④ 허리케인의 정확한 위치를 알기 위해 혼자 비행한다.

해설 보기를 먼저 확인하고 지문을 읽으며 답을 찾으면 보다 빠르게 문제를 해결할 수 있다.

단어 **article** 기사　**measure** 측정하다　**location** 위치　**include** 포함하다

해석 「진행자 : 당신의 직장에서의 평균적인 하루는 어떠십니까?
Rogers : 그것은 연중 어느 때이냐에 달려 있습니다. 일 년 중 대부분은, 제 사무실에서 일합니다. 컴퓨터로 조사를 하고 과학 기사를 읽고 씁니다. 하지만 허리케인 시즌에는, 저는 허리케인으로 날아갈 기회를 얻습니다.
진행자 : 허리케인으로 날아간다고요?
Rogers : 네. 저희는 그것들을 측정하기 위해 폭풍에 날아듭니다. 우리의 일 중 하나는 폭풍의 중심 위치를 정확히 알아내는 것입니다. 폭풍 속에서, 그것은 정말 흥미진진합니다.
진행자 : 그 비행기에 당신 혼자 타고 있습니까?
Rogers : 아니요, 비행기에는 보통 15명에서 18명이 타고 있습니다. 여기에는 조종사, 엔지니어, 과학팀 등이 포함됩니다.」

보기 ① 일 년의 대부분을 사무실에서 일한다. ←For most of the year, I work in my office.
② 과학 기사를 쓰기도 한다. ←~ read and write scientific articles.
③ 허리케인 속으로 들어가 직접 측정한 적이 있다. ←We fly into storms to measure them.
④ 허리케인의 정확한 위치를 알기 위해 혼자 비행한다. ←there are usually 15 to 18 people on the plane.

ANSWER 12.④

2019 소방공무원

13 **다음은 에펠탑에 관한 설명이다. 글의 내용과 일치하지 않는 것은?**

> "La Tour Eiffel" stands 984 feet high over the city of Paris. It took three hundred men two years to build it. It is made of fifteen thousand pieces of iron held together by 2.5 million rivets. It can sway almost five inches in strong winds. Forty tons of paint are needed to cover the tower, which remained the tallest structure in the world until 1930, when the Chrysler Building, soon followed by the Empire State Building, was erected in New York City.

① 탑을 건축하는 데 2년이 걸렸다.
② 강한 바람에 거의 5인치가 흔들릴 수 있다.
③ 탑을 칠하는 데 페인트 40톤이 필요하다.
④ 완공된 크라이슬러 빌딩보다 더 높았다.

해설 기간이나 길이, 무게, 사람 수 등 수치 정보에 유의한다.

단어 **rivet** 리벳(대갈못) **sway** 흔들리다 **erect** 건립하다

해석 「"에펠탑"은 파리 시 상공 984피트 높이에 서있다. 그것을 짓는 데 300명의 사람과 2년이 소요되었다. 그것은 250만 리벳이 함께 받치고 있는 15,000개의 철 조각으로 만들어졌다. 그것은 강풍에 거의 5인치까지 흔들릴 수 있다. 크라이슬러 빌딩에 뒤이어 엠파이어스테이트 빌딩이 뉴욕에 세워진 1930년까지 세계에서 가장 높은 구조물로 남아 있던 이 탑을 덮기 위해 40톤의 페인트가 필요했다.」

보기 ① 탑을 건축하는 데 2년이 걸렸다. ←~ two years to build it.
② 강한 바람에 거의 5인치가 흔들릴 수 있다. ←It can sway almost five inches in strong winds.
③ 탑을 칠하는 데 페인트 40톤이 필요하다. ←Forty tons of paint are needed to cover the tower ~
④ 완공된 크라이슬러 빌딩보다 더 높았다. ←~ which remained the tallest structure in the world until 1930, when the Chrysler Building ~

ANSWER 13.④

2019 소방공무원

14 다음 중 화자가 언급한 재난이 아닌 것은?

> Hello, my name is Jan Rader. For the past 24 years, I have been a firefighter in Huntington, West Virginia. As firefighters, my team and I are tasked with saving lives and property from such disaster as car wrecks, house fires, and also life-threatening medical emergencies.

① 건물 붕괴
② 자동차 사고
③ 집에서 일어나는 화재
④ 생명을 위협하는 의학적인 긴급 상황

해설 'my team and I are tasked with ~' 뒤로 이어지는 문장에서 언급되지 않은 재난이 정답이다.

단어 **property** 재산 **disaster** 재해, 재난 **wreck** 난파 **threatening** 위협하는 **emergency** 비상사태

해석 「안녕하세요, 제 이름은 Jan Rader입니다. 저는 지난 24년간 웨스트버지니아 주 헌팅턴에서 소방관으로 일했습니다. 소방관으로서, 우리 팀과 나는 자동차 난파, 주택 화재, 그리고 생명을 위협하는 의료 비상사태와 같은 재난으로부터 인명과 재산을 구하는 임무를 맡고 있습니다.」

보기 ① 건물 붕괴←building collapses는 언급되지 않았다.
② 자동차 사고←car wrecks
③ 집에서 일어나는 화재←house fires
④ 생명을 위협하는 의학적인 긴급 상황←life-threatening medical emergencies

ANSWER 14.①

2019 소방공무원

15 다음 문장이 들어가기에 가장 적절한 곳은?

Another way to be a good role model is to serve appropriate portions and not overeat.

Whether you have a baby or a teen, here is the best strategy to improve nutrition and encourage smart eating habits : Be a role model by eating healthy yourself. (①) The best way for you to encourage healthy eating is to eat well yourself. (②) Kids will follow the lead of the adults they see every day. (③) By eating fruits and vegetables and not overindulging in the less nutritious food, you'll be sending the right message. (④) Talk about your feelings of fullness, especially with younger children. You might say, "This is delicious, but I'm full, so I'm going to stop eating."

해설 제시된 문장의 'Another way to be a good role model' 부분이 힌트가 된다. 먼저 좋은 역할 모델이 되는 방법(→Be a role model by eating healthy yourself.)에 대한 내용이 제시되고, 그 다음으로 해당 문장이 이어져야 한다.

단어 **appropriate** 적절한 **portion** 부분, 양, 몫 **strategy** 전략 **improve** 개선하다 **nutrition** 영양 **encourage** 장려하다 **lead** 선례 **overindulge** 탐닉하다

해석 「당신이 아기가 있든 아니면 십대가 있든, 여기 영양을 개선하고 똑똑한 식습관을 장려하기 위한 최선의 전략이 있다 : 몸에 좋은 음식을 먹음으로써 역할 모델이 되어라. 건강한 식사를 장려하는 가장 좋은 방법은 스스로 잘 먹는 것이다. 아이들은 매일 보는 어른들의 선례를 따를 것이다. 과일과 야채를 먹고 영양가가 낮은 음식을 지나치게 탐내지 않음으로써, 당신은 옳은 메시지를 보낼 것이다. <u>좋은 역할 모델이 되는 또 다른 방법은 과식하지 않고 적절한 양을 제공하는 것이다</u>. 특히 어린 아이들과 함께 당신의 포만감에 대해 이야기하라. 당신은 "이것은 맛있지만, 나는 배가 불러, 그래서 나는 그만 먹을 거야."라고 말할 수도 있다.」

ANSWER 15.④

16 다음 대화의 내용과 일치하지 않는 것은?

A : This is 119. What's your emergency?
B : The rain was coming down in torrents. So we were isolated.
A : What is your location?
B : 698–3 in Gajwa–dong. Ilsanseo–gu. Help!
A : Please, calm down, and explain exactly what is happening in your house.
B : Water gets into house, and our house was flooded one thirds of the floors.
A : Okay, please follow my instructions from now.
B : Yes.
A : You should evacuate a higher place, right away.
B : Okay.

① 집중호우 신고 상황이다.
② 신고자는 고립된 상태이다.
③ 물이 집의 2/3 이상 찬 상태이다.
④ 구조대원은 신고자에게 높은 곳으로 대피하라고 지시하였다.

해설 ③ 마루의 1/3 정도 물에 잠겼다고 말하고 있다.

단어 **torrent** 급류 **isolate** 고립시키다

해석 「A : 119입니다. 무엇을 도와 드릴까요?
B : 비가 억수같이 퍼붓고 있어요. 고립되었어요.
A : 위치가 어떻게 되십니까?
B : 일산서구 가좌동 698–3번지입니다. 도와주세요!
A : 진정하시고 선생님 집 상황을 정확하게 설명해주세요.
B : 집안으로 물이 들어왔고, 마루 1/3까지 침수되었어요.
A : 알겠습니다. 지금부터 제 지시를 따라주세요.
B : 네.
A : 지금 당장 높은 곳으로 대피하십시오.
B : 알겠습니다.」

ANSWER 16.③

17 다음 대화의 내용과 일치하지 않는 것은?

A : 119. What can I do for you?
B : My baby has a high fever and can't breathe well.
A : How old is your baby?
B : 10 months.
A : Are baby's eyes turned up or to the side? Has the baby's body stiffened?
B : No.
A : Okay. We will send you an ambulance right away. What is your address?
B : I am at 698-3, Tanhyeon-dong, Ilsanseo-gu. Please, hurry.
A : First, calm down. Use a clean towel and wash your baby's body with warm water.
B : I got it.

① 아기는 고열로 숨을 잘 쉬지 못한다.
② 아기의 나이는 아직 한 살이 되지 않았다.
③ 아기의 몸이 경직되었다.
④ 따뜻한 물에 적신 수건으로 아기의 몸을 닦아주어야 한다.

해설 ③ 'Has the baby's body stiffened?'라는 질문에 'No.'라고 대답했다.

단어 **accept** 받아들이다 **reach** ~에 이르다, 도달하다 **arrive** 도착하다 **send** 보내다, 발송하다

해석 「A : 119입니다. 무엇을 도와드릴까요?
B : 아기가 열이 나고 숨을 잘 못 쉽니다.
A : 아기가 몇 살이죠?
B : 10개월입니다.
A : 혹시 아이 눈이 돌아가거나 몸이 경직되었습니까?
B : 아니요.
A : 알겠습니다. 구급차를 바로 보내드리겠습니다. 주소가 어떻게 되시죠?
B : 여기 일산서구 탄현동 698-3번지에요. 빨리 보내 주세요.
A : 일단 침착하시고, 깨끗한 수건을 이용하여 미지근한 물로 아기의 몸을 닦아 주고 계세요.
B : 알겠습니다.」

ANSWER 17.③

18 다음 대화의 내용과 일치하는 것은?

A : Hello, 119. How may I help you?
B : It is pouring rain here. We can't move at all.
A : Calm down. where is your location?
B : 550 in Jugyo-dong, Deogyang-gu.
A : Do you have water getting into the house?
B : No, not yet. But the water level is rising.
A : Is there any possibility of a landslide?
B : No, my house stood on a flatland.
A : Our rescue team will leave now, but it will take some time due to bad traffic conditions.
B : Okay.

① 집중호우로 집 안에 물이 가득 찼다.
② 현재는 비가 그친 상황이다.
③ 신고자의 집은 산꼭대기에 있다.
④ 구조대가 도착하는 데 시간이 좀 걸릴 것이다.

해설 ④ 교통상황이 좋지 않아 구조대가 도착하는 데까지 시간이 좀 걸릴 것이라고 하였다.

단어 **pour** 붓다, 마구 쏟아지다 **not yet** 아직 ~않다 **landslide** 산사태 **stand** ~에 서있다, 위치해 있다 **flatland** 평지 **take time** 시간이 걸리다 **due to** ~에 기인하는, ~때문에 **traffic conditions** 교통상황

해석 「B : 비가 너무 많이 와서 움직일 수가 없어요.
A : 진정하시고 위치가 어디쯤이시죠?
B : 덕양구 주교동 550번지요.
A : 집 안으로 물이 많이 들어오나요?
B : 아니요, 아직은 괜찮은데 물이 계속 늘어나요.
A : 혹시 산사태의 가능성은 없으십니까?
B : 아니요, 저희 집은 평지에 있어요.
A : 구조대가 지금 출동하겠습니다. 그런데 현재 교통이 혼잡해서 시간이 좀 걸리겠네요.
B : 알겠습니다.」

ANSWER 18.④

19 다음 글의 빈칸 (A), (B)에 들어갈 말로 가장 적절한 것은?

There are people who are well-known but whose views on certain subjects are not well-known. ___(A)___, Helen Keller is very well known, and students are taught that she was born blind and could not speak or hear and became very successful. But they are not told that she was a leader in the organization against World War I. ___(B)___, Mark Twain is well known as a novelist, but most students do not learn that he protested against the war in the Philippines. They are not told that Mark Twain criticized Theodore Roosevelt because Roosevelt had congratulated an American general for winning a victory killing many people in the Philippine Islands in 1906.

	(A)	(B)
①	For instance	Similarly
②	For instance	However
③	In contrast	Similarly
④	In contrast	Therefore

단어 **organization** 조직, 단체 **protest** 항의하다 **criticize** 비판하다 **congratulate** 축하하다

해석 「유명하기는 하지만 특정 문제에 대한 견해는 알려지지 않은 사람들이 있다. (A) 예를 들어, 헬렌 켈러는 아주 유명한데, 학생들은 그녀가 장님으로 태어나 말도 못하고 듣지도 못했지만 크게 성공했다고 배운다. 그러나 그녀가 1차 세계대전에 반대하는 조직의 지도자였다는 사실을 학생들은 듣지 못한다. (B) 이와 유사하게, 마크 트웨인은 소설가로 유명하지만, 학생들은 그가 필리핀에서의 전쟁을 반대하면서 항의했다는 사실을 배우지 않는다. 시어도어 루스벨트 대통령이 1906년에 필리핀 섬에서 많은 사람들을 죽이면서 승리한 미국의 장군에게 축하를 했다는 것 때문에 마크 트웨인이 루스벨트 대통령을 비판했다는 사실을 학생들은 듣지 못한다.」

보기
- For instance 예를 들어
- Similarly 유사하게
- In contrast 대조적으로
- However 그러나
- Therefore 그러므로

ANSWER 19.①

20 다음 글의 빈칸 (A), (B)에 들어갈 말로 가장 적절한 것은?

Calmness can most easily occur during a state of relaxation from accepting one's situation. A woman who faces surgery in the morning may spend the night tossing and turning. ___(A)___, another woman facing the same surgery may sleep soundly because she knows she cannot control her operation and must rely on her doctor. The second woman is calm. Sometimes, a person feels calm because they are experienced. A driver in a snowstorm can handle the weather calmly because he has driven in snow many times. ___(B)___, fire fighters or police officers deal with dangerous situations every day, so when they face danger, they calmly do their jobs.

	(A)	(B)
①	On the other hand	Similarly
②	On the other hand	As a result
③	In addition	For example
④	In addition	Likewise

단어 **calm** 침착한 **calmness** 침착함 **calmly** 침착하게 **occur** 발생하다 **state** 상태 **relaxation** 편안함 **accept** 받아들이다 **face** 마주하다, 직면하다 **surgery** 수술 **toss** 뒤척거리다, 던지다, 동요하다 **soundly** 고요하게 **operation** 수술 **rely on** 의존하다 **handle** 처리하다, 다루다

해석 「침착함은 상황을 받아들이는 편안한 상태에서 일어난다. 다음날 아침에 수술을 받는 한 여자는 밤새 잠을 못 이루고 뒤척일지 모른다. (A) 반면에 같은 수술을 받는 또 다른 여자는 자신이 수술을 통제할 수 없고 의사를 신뢰해야 한다는 것을 알기 때문에 숙면을 취할지 모른다. 두 번째 여자는 침착한 상태에 있다. 때때로 사람들은 숙련되었기 때문에 침착함을 느낀다. 눈길에서 여러 번 운전해 보았기 때문에 눈보라 속의 운전자는 그 날씨를 침착하게 대처할 수 있다. (B) 마찬가지로, 소방관과 경찰관들도 매일 위험한 상황을 겪는데 그들은 위험에 직면할 때 침착하게 일을 수행한다.」

보기
- On the other hand 반면에
- Similarly 유사하게
- In addition 게다가
- As a result 결과적으로
- For example 예를 들어
- Likewise 마찬가지로

ANSWER 20.①

21 밑줄 친 He[he]가 가리키는 대상이 나머지 셋과 다른 것은?

When he was about eight years old, Brian climbed trees every day. One day he had a very scary experience. ① He was climbing a very tall tree and he was near the top. He thought he would climb a little higher, but when ② he put his foot on a branch, it broke. For an instant, he was falling. Luckily, he landed on a lower branch. ③ He was too frightened to move. Later, he could climb down from the tree with the help of his father. ④ He had come to save him right after hearing him scream. Brian promised his father that he would not climb trees again.

해설 ①②③은 Brian을, ④는 그의 아버지를 가리킨다.

단어 **climb** 오르다 **scary** 무서운, 두려운 **branch** 가지, 나뭇가지 **for an instant** 잠시 동안 **land** 내려앉다, 떨어지다 **frightened** 무서워하는 **scream** 소리치다, 비명을 지르다

해석 「Brian은 여덟 살쯤 되었을 때, 매일 나무에 올라갔다. 어느 날 그는 매우 무서운 경험을 했다. 그는 매우 높은 나무를 오르고 있었으며, 꼭대기 근처에 있었다. 그는 조금 더 높이 올라가야겠다고 생각했으나, 그가 그의 발을 나뭇가지에 올려놓자 그 나뭇가지가 부러졌다. 잠시 동안 그는 추락했다. 다행스럽게도, 그는 더 아래쪽에 있는 가지에 걸렸다. 그는 너무나 겁이 나서 움직일 수가 없었다. 나중에 그는 아버지의 도움을 받아 나무에서 내려올 수 있었다. 그는 아들의 비명소리를 듣자마자 와서 그를 구해 주었다. Brian은 다시는 나무에 오르지 않겠다고 아버지에게 약속했다.」

ANSWER 21.④

22 다음 글에서 의인화된 'I'가 가리키는 것으로 가장 적절한 것은?

> I am standing on the narrow road to a remote village. Some of my friends standing along the busy city streets live a more exciting life, and my life is not as lonely as you might think. In summer and fall, a lot of little creatures come up to me every night and fly around me. I always welcome them, but I wouldn't like them to approach me too closely; my heart is too hot to hug. Sadly, some of them are reckless enough to fly into my heart to death. The moon is one of my best colleagues. When she is strong, we share the burden of lighting the dark road below. When she gets weaker, I patiently wait for her to recover her strength, doing my best for the village people or visitors.

① streetlight ② firefly

③ roadside tree ④ evening star

단어 **remote** 먼, 외딴 **creature** 생명체 **approach** 접근하다, 다가오다 **reckless** 무모한 **colleague** 동료 **patiently** 참을성 있게 **recover** 회복하다

해석 「나는 한적한 마을로 향하는 좁은 길목에 서있다. 분주한 시내 거리를 따라 서있는 내 친구들은 보다 흥미진진하게 살아가고 있는데, 내 생활도 흔히 생각하는 것만큼 그렇게 외로운 것은 아니다. 여름과 가을이 되면, 많은 자그마한 녀석들이 매일 밤 나에게 와서 내 주변을 날아다닌다. 난 항상 그들을 반기지만, 그들이 나에게 너무 가까이 다가오는 것을 좋아하지 않는다. 왜냐하면 나의 심장이 그들을 껴안아주기에는 너무 뜨겁기 때문이다. 슬프게도, 몇 놈은 무모하게 내 심장으로 날아 들어와서 죽기도 한다. 달은 나의 가장 친한 동료 중 하나다. 달의 힘이 강할 때면, 우리는 아래쪽 어두운 길을 비추는 일을 함께 한다. 달의 힘이 약해지면, 나는 마을 사람이나 방문자들을 위해 최선을 다하면서, 참을성 있게 달이 원기를 회복하기를 기다린다.」

보기
① 가로등
② 개똥벌레
③ 가로수
④ 금성

ANSWER 22.①

23 밑줄 친 the situation이 뜻하는 의미로 가장 적절한 것은?

> For a long time in our marriage, my husband and I did not see eye to eye on spending. He would want to buy things that I felt were unnecessary and expensive. I couldn't seem to explain to him the pain I felt as the debt kept mounting and we had to spend more and more of our income on interest and credit card bills. Finally, I decided I needed to find a different say of expressing my point of view and to influence the situation. I tried to listen more, to understand how he was thinking. I came to realize that sometimes he just didn't see the connection between his spending decisions and the consequences they brought.

① 남편의 과소비
② 자녀와의 의견충돌
③ 남편의 권위적 태도
④ 맞벌이 부부의 고충

해설 밑줄 친 'the situation'은 '나'가 변화시키고자 하는 것이며 글의 두 번째 문장에서 나타난 남편의 과소비임을 알 수 있다.

단어 **see eye to eye** 의견일치를 보다 **debt** 빚, 채무 **mount** 올라가다 **interest** 이자 **influence** 영향을 미치다, 좌우하다 **connection** 연관 **consequence** 결과

해석 「오랜 결혼생활 동안 내 남편과 나는 돈을 쓰는 데 의견일치를 보지 못했다. 그는 내가 필요 없고 비싸다고 느끼는 것을 사고 싶어 했다. 나는 빚이 계속 늘어날 때 내가 느끼는 고통을 그에게 설명하지 못했던 것 같고, 우리는 수입의 점점 더 많은 부분을 이자와 신용카드 대금에 써야 했다. 마침내 나는 내 생각을 표현할 다른 방법을 찾아 그 상황을 변화시켜야겠다고 결심했다. 나는 그의 사고방식을 이해하기 위해 더 많이 들으려고 노력했다. 나는 그가 때때로 자신의 소비 결정과 그것들이 가져온 결과 사이의 연관을 알지 못했을 뿐이라는 것을 깨닫게 되었다.」

ANSWER 23.①

24 주인공에 관한 설명 중, 다음 글의 내용과 일치하지 않는 것은?

> Sahara Sunday Spain is a poet and soon the whole world will know it! Sahara, who is 8, has been writing poetry since she was just 4 years old. Her friends love getting her homemade books of verses every Christmas. Starting this month, her poetry will be available in stores. Sahara's book, If There Would Be No Light, includes 61 of the third-grader's poems, illustrated with her own black-and-white drawings. Sahara says her father inspired her to be creative with language. "He told me to start every day with a happy word," Sahara says. "So, I started out with 'dream,' then went on to phrases and poems."

① 자신의 시집을 친구들에게 선물했다.
② 네 살 때부터 시를 쓰기 시작했다.
③ 시집 속에 자신의 삽화를 그려 넣었다.
④ 삶의 어두운 면을 시로 형상화했다.

단어 **homemade** 집에서 만든, 손으로 만든 **verse** 운문, 시 **grader** ~학년 학생 **illustrate** 삽화를 그려 넣다 **inspire** 고무하다, 격려하다

해석 「Sahara Sunday Spain은 시인이고, 곧 전 세계가 그것을 알게 될 것이다! 여덟 살인 Sahara는 네 살부터 시를 써 왔다. 그녀의 친구들은 크리스마스 때마다 그녀가 집에서 만든 시집을 받는 것을 좋아했다. 이번 달부터, 그녀의 시는 가게에서도 구입할 수가 있을 것이다. Sahara의 시집, '만일 빛이 없다면'은 자신이 직접 흑백으로 그린 삽화가 들어간 3학년짜리가 쓴 시 61편을 포함하고 있다. Sahara는 아버지가 언어에 창의적이 되라고 격려했다고 말한다. "아버지는 행복한 한 단어로 매일 시작하라고 제게 말씀하셨어요. 그래서 저는 '꿈'이란 말로 시작해서 어구와 시로 이어갔죠."라고 Sahara는 말한다.」

ANSWER 24.④

25 다음 글의 주제로 가장 적절한 것은?

> Unfortunately not everyone has her willpower. Some may want to quit for the sake of their loved ones or for their well-being, but the power of nicotine addiction is too great. Others claim to enjoy their cigarettes and have no desire to give them up. If you can't or won't quit, there is still a great deal you can do to safeguard those around you. Never allow anyone to smoke in your home or car, even when there are no children present. Explain that people must respect your right not to smoke involuntarily. Toxins linger in the air, even though you may not be able to see or smell them. If you are a smoker, take it outside, or smoke in an area where the ventilation system is separate from that of your home.

① Health Promotion Law
② A Preventive Means of Second-hand Smoking
③ The Way to Quit Smoking
④ The Harmful Effects of Smoking

해설 이 글은 간접흡연을 피하는 방법을 제시하고 있다.

단어 **willpower** 의지력, 자제력 **for the sake of** ~을 위하여 **well-being** 복지, 안녕, 행복 **addiction** 중독 **have no desire to do** ~할 생각이 없다 **safeguard** 지키다, 보호하다 **present** 있는, 참석한 **involuntarily** 본의 아니게, 비자발적으로 **toxin** 독소 **linger** 오래 머무르다 **ventilation** 환기, 통풍

해석 「불행하게도 누구나 자제력을 가지고 있는 것은 아니다. 어떤 사람들은 그들의 가족이나 그들의 행복을 위하여 그만두기를 원할지도 모르지만, 니코틴 중독의 힘은 너무 크다. 다른 사람들은 담배를 즐기며 그것을 그만둘 생각이 없다고 주장한다. 만약 당신이 그만둘 수 없거나 그만두지 않겠다면, 당신 주위에 있는 사람들을 보호하기 위해서 아직 할 수 있는 것이 많다. 어느 누구도 당신의 집이나 차 안에서, 심지어 아이들이 있지 않을 때라도 결코 흡연하도록 허락하지 마라. 사람들이 비자발적으로 흡연하지 않도록 당신의 권리를 존중해야 한다고 설명해라. 독소들은 심지어 당신이 그것들을 보거나 냄새를 맡을 수 없을지라도 공기 속에 남아있다. 만약 당신이 흡연자라면, 그것을 밖으로 가지고 가거나 환기장치가 당신 집의 환기장치와 분리되어 있는 곳에서 흡연하여라.」

보기 ① 건강증진법
② 간접흡연 예방법
③ 금연하는 방법
④ 흡연의 해로운 영향들

ANSWER 25.②

26 다음 글의 요지로 알맞은 것은?

> At noon on summer day, Death Valley looks truly devoid of wildlife. But in reality, there are 55 species of mammals, 32 kinds of birds, 36 kinds of reptiles, and 3 kinds of amphibians. During the day, many seek shelter under rocks and in burrows. As night approaches, however, the land cools. The desert becomes a center of animal activity. Owls hunt for mice. Bats gather insects as they fly. Foxes are out looking for food, accompanied by snakes, hawks, coyotes, and bobcats. Many of these animals, like the desert plants, have adapted to the dry desert. They use water very efficiently. They can often survive on water supplies that would leave similar animals elsewhere dying of thirst.

① Many kinds of reptiles in Death Valley
② The extinction of desert animal in Death Valley
③ The efficient use of bad water in Death Valley
④ Death Valley is a place full of wildlife.

단어 **devoid of** ~이 없는, 결여된 **in reality** 사실은, 실제로는 **wildlife** 야생동물 **mammal** 포유동물 **reptile** 파충류 **amphibian** 양서류, 수륙양용의 **shelter** 은신처, 피난처 **burrow** 굴, 굴에서 살다 **approach** (성질 · 시간 · 상태 따위가) ~에 가까워지다, ~에 이르다 **owls** 올빼미 **insect** 곤충 **look for** ~을 찾다, 구하다, ~을 기대하다 **accompany** 동반하다 **hawk** 매 **bobcat** 살쾡이 **adapt to** 적응시키다 **elsewhere** (어딘가) 다른 곳에

해석 「여름날의 정오에, Death Valley(죽음의 계곡)에는 야생동물이 진짜로 없는 것처럼 보인다. 그러나 실제로, 55종의 포유동물, 32종의 조류, 36종의 파충류, 그리고 3종의 양서류가 있다. 낮에는 많은 동물들이 바위나 굴속에 은신처를 찾는다. 그러나 밤이 다가옴에 따라 땅은 시원해진다. 사막은 동물활동의 중심지가 된다. 부엉이는 쥐를 사냥한다. 박쥐는 날아다니는 동안 곤충을 모은다. 여우들은 뱀, 매, 승냥이, 살쾡이와 함께 먹이를 찾고 있다. 사막식물처럼 이러한 많은 동물들은 건조사막에 적응되었다. 이들은 물을 아주 효율적으로 사용한다. 이들은 다른 곳에 있는 유사한 동물들이 목말라 죽는 그런 물공급에서도 종종 생존할 수 있다.」

보기 ① 죽음의 계곡에 있는 수많은 종류의 파충류
② 죽음의 계곡에 있는 사막동물의 본능
③ 죽음의 계곡에 있는 오염된 물의 효율적인 이용
④ 죽음의 계곡은 야생동물이 가득한 장소이다.

ANSWER 26.④

27 피드백에 대한 글쓴이의 주장으로 가장 적절한 것은?

> Feedback, particularly the negative kind, should be descriptive rather than judgmental or evaluative. No matter how upset you are, keep the feedback job-related and never criticize someone personally because of an inappropriate action. Telling people they're stupid, incompetent, or the like is almost always counterproductive. It provokes such an emotional reaction that the performance deviation itself is apt to be overlooked. When you're criticizing, remember that you're censuring a job-related behavior, not the person.

① 상대방에게 직접 전달하는 것이 바람직하다.
② 상대방의 인격보다는 업무에 초점을 두어야 한다.
③ 긍정적인 평가가 부정적인 것보다 더 많아야 한다.
④ 상대방의 지위와 감정을 고려해야 한다.

단어 **evaluative** 평가하는 **inappropriate** 부적절한 **incompetent** 무능한 **or the like** 또는 그밖에 유사한 것 **counterproductive** 역효과를 낳는 **provoke** 유발하다 **deviation** 일탈, 탈선 **be apt to do** ~하는 경향이 있다 **censure** 질책하다

해석 「피드백은, 특히 부정적인 종류는 판단하거나 평가하기보다는 서술적이어야 한다. 당신이 얼마나 화가 나든, 피드백은 업무와 연관되도록 유지하고 부적절한 행동을 했다고 해서 절대 누군가를 개인적으로 비난하지 마라. 사람들에게 그들이 어리석다거나, 무능하다거나, 또는 그밖에 유사한 것으로 말하는 것은 거의 항상 역효과를 낳는다. 그것은 성과의 일탈 그 자체는 간과할 만큼의 감정적인 반응을 유발한다. 당신이 비판할 때, 당신은 그 사람이 아닌 업무와 관련된 행동을 질책해야 함을 기억해야 한다.」

ANSWER 27.②

28 다음 글의 주제로 가장 적절한 것은?

The sea horse uses its tail like a hand. So do some monkeys. The sea horse holds on to sea plants with its tail. Then water can't wash it away. Some monkeys hang from trees by their tail. They use their hands to do other things. The lizard and the fox use their tails to keep safe. Sometimes another animal gets hold of a lizard by the tail. The tail just falls off, and the lizard runs away. Later, it grows a new tail. When a fox gets into a fight, it hides behind its tail. The tail is covered with thick fur. A bite there won't hurt.

① 꼬리의 역할
② 먹이사슬
③ 자연의 균형
④ 동물의 지능

단어 **sea horse** 해마 **hold on to** ~을 꽉 붙잡다, 고수하다 **lizard** 도마뱀 **get hold of** ~을 잡다 **fall off** (분리되어) 떨어지다 **run away** 도망치다 **fur** 털, 모피

해석 「해마는 꼬리를 손처럼 사용한다. 일부 원숭이도 마찬가지이다. 해마는 꼬리로 바다식물을 꽉 잡는다. 그러면 해마는 물에 떠내려 가지 않는다. 어떤 원숭이들은 꼬리로 나무에 매달려 있다. 그들은 다른 일을 하는 데 손을 사용한다. 도마뱀과 여우는 안전을 유지하기 위해 꼬리를 사용한다. 때때로 또 다른 동물이 도마뱀의 꼬리를 잡는다. 꼬리는 잘려나가고 도마뱀은 도망친다. 나중에 새 꼬리가 자란다. 여우는 싸움을 시작할 때 꼬리 뒤에 숨는다. 그 꼬리는 숱이 많은 털로 덮여 있다. 그곳은 물려도 다치지 않을 것이다.」

ANSWER 28.①

29 다음 글의 제목으로 가장 적절한 것은?

Almost nothing in modern life escapes the influence of fashion; foods, music, sports, books, slang words, movies, furniture, places to visit, and even names go in and out of fashion. And it's almost impossible to name some specific fads because these interests that people enthusiastically follow can change very quickly. In the United States, even people can be 'in' or 'out' of fashion. Like most of the people in other countries, Americans enjoy following the lives the celebrities; movie stars, sports heroes, famous artists, politicians, and so on. But this trend doesn't last long, either.

① Rapidly Changing Fashion
② Types of Modern Fads
③ Why People Follow Fashion
④ Traditional American Styles

단어 **be in and out** 나왔다 들어갔다 하다(등장했다가 사라지다) **fad** 일시적 유행

해석 「현대생활에서는 거의 어떤 것도 유행의 영향을 받지 않는 것이 없다. 즉, 음식, 음악, 운동, 책, 속어, 영화, 가구, 가는 곳, 심지어는 이름마저도 유행이 됐다가 사라진다. 그리고 사람들이 열광적으로 따르는 이러한 관심사들이 너무나도 빠르게 변할 수 있기 때문에, 어떤 특유한 일시적 유행에 이름을 붙이는 것은 거의 불가능하다. 미국에서는 인물조차도 유행에 따라 등장했다가 사라질 수 있다. 다른 나라의 모든 사람들처럼, 미국인들은 유명인사, 즉 영화배우, 스포츠 영웅, 유명한 예술가, 정치가 등의 생활을 따라하는 것을 좋아한다. 그러나 이러한 경향도 그리 오래가지는 못한다.」

보기 ① 급속히 변화하는 유행
② 현대유행의 유형들
③ 사람들이 유행을 따르는 이유
④ 전통적인 미국의 스타일들

ANSWER 29.①

30 다음 글의 제목으로 가장 알맞은 것은?

All I want is fair treatment and equal rights. I feel I have a right to smoke while I work. Right now most companies are concerned only with the rights of nonsmokers and make no provisions at all for employees who smoke. Of course, I know that smoking is bad for my health but, after all, that is my problem. My smoking does not hurt anybody else but me. So, why don't they stop discriminating against smokers and just leave us alone?

① Smoking And Addiction

② The Necessity of No Smoking

③ Diseconomies of Smoking

④ Excuses of Smokers

해설 이 글은 흡연자인 저자가 흡연의 폐해는 당사자에게만 국한되므로 담배를 피울 권리가 흡연자에게 있다고 주장하면서 흡연자에 대한 차별대우를 중지할 것을 요구하고 있는 글이다.

단어 **fair** 공정한, 공평한 **be concerned with** ~에 관심을 갖다 **make provision** (for) 준비하다 **discriminating** 차별적인

해석 「내가 원하는 전부는 공정한 대우와 평등한 권리이다. 나는 내가 일하는 동안 담배를 피울 권리를 가지고 있다고 생각한다. 바로 지금 대부분의 회사들이 비흡연자들의 권리에만 관심을 가지고 있고 흡연하는 직원들에 대해서는 전혀 어떠한 준비도 하고 있지 않다. 물론 나는 흡연이 내 건강에 나쁘다는 것을 알고 있다. 그러나 결국 그것은 나의 문제인 것이다. 나의 흡연은 나 이외에 어떠한 사람에게도 해를 주지 않는다. 그래서 하는 말인데, 왜 그들은 흡연자들에 대한 차별대우를 중지하고 우리를 혼자 내버려 두지 않는가?」

보기 ① 흡연과 중독성
② 금연의 필요성
③ 흡연의 비경제성
④ 흡연자의 변명

ANSWER 30.④

31 다음 글의 내용과 일치하지 않는 것은?

As you no doubt know a lot of Americans across the country have been struggling with the flu. In some 14 states the illness has reached epidemic or near epidemic proportions. Sections of another 20 states are experiencing widespread outbreaks. And overseas British health officials say that country is also facing a sweeping outbreak of epidemic proportions. It's expected to worsen before it gets better. Britain has started the new century with a record number of cases of the flu. Authorities now say it's an epidemic. That means 400 cases per 100,000. Health officials admitted today that they had underestimated the scale of the outbreak and virulence of the virus. It has infected twice the number as previously thought, they said. Hospital workers are worried about the huge influx of flu patients and the pressure on the health service. Intensive care wards are filled with elderly flu victims who are vulnerable to complications such as pneumonia.

① 당국은 독감을 전염병으로 규정하였다.
② 당국이 앞장서서 대비한 결과, 상황이 호전되었다.
③ 독감이 미국과 영국 전역에서 발병되고 있다.
④ 중환자실에는 독감에 걸린 노인들로 붐볐다.

단어 **struggle** 싸우다, 노력하다 **flu** 독감 **epidemic** 전염병의, 유행병의 **proportion** 비율, 규모 **outbreak** 발발, 발생, 창궐 **overseas** 해외(로부터)의, 해외에 있는 **health officer** 검역관, 위생관 **sweeping** 일소하는, 전반적인 **authority** 권위, 당국 **admit** 인정하다, 허용하다 **underestimate** 과소평가하다, 경시하다 **virulence** 유독성, 악성, 발병력 **influx** 유입, 쇄도 **vulnerable** ~에 약한, 상처받기 쉬운, 저항력이 없는 **complications** 합병증 **pneumonia** 폐렴

해석 「당신은 전역의 많은 미국인들이 독감과 싸우고 있는 것을 확실히 알고 있다. 약 14개 주에서 그 병은 전염병이거나 전염병에 가까운 정도에까지 이르렀다. 또 다른 20개 주의 구역들에서 발병이 확산되고 있다. 그리고 바다 건너 영국에서도 영국 검역관들은 영국 또한 전염병에 가까운 독감 발병에 휩쓸리기 직전에 있다고 말한다. 그것은 호전되기에 앞서 악화될 것으로 예상된다. 영국은 많은 독감의 기록과 함께 새로운 세기를 시작했다. 당국은 이제 그것은 전염병이라고 말한다. 그것은 100,000명마다 400명이 환자들이라는 것을 의미한다. 검역관들은 오늘 그들이 그 바이러스의 발생규모와 발병력을 과소평가했었다고 인정했다. 그들은 이전에 생각했던 수의 두 배가 감염되었다고 말했다. 병원에서 일하는 사람들은 독감 환자들의 많은 유입과 공공의료시설에 대한 부담을 걱정한다. 집중치료병동은 폐렴과 같은 합병증에 걸리기 쉬운 노년층 독감 희생자들로 가득하다.」

ANSWER 31.②

32 다음 글에서 전체 흐름과 관계없는 문장은?

Roman doll-makers continued to use technology developed by the Egyptians and Greeks, but in line with the artistic sensibilities of their culture, they were constantly trying to make dolls more elegant and beautiful. ① One doll, found near Prati in Rome, was made of ivory and lay beside her owner who had died at the age of eighteen. ② The huge growth in the understanding of civilization raised awareness of other important roles of trade. ③ Next to the doll was a small box, also made of ivory, containing tiny combs and a silver mirror. ④ The doll had rings on her fingers and held a tiny key, which unlocked the box.

해설 이 글은 로마의 인형 만들기와 관련된 내용으로 ②는 글의 흐름과 관계없다.

단어 **artistic** 예술적인 **elegant** 우아한 **civilization** 문명 **awareness** 인식 **tiny** 작은

해석 「로마의 인형 제작자들은 이집트인들과 그리스인들에 의해 개발되었던 기술을 계속해서 사용했지만, 그들 문화의 예술적인 감수성에 일치하게 인형을 우아하고 아름답게 만들려고 계속적으로 노력했다. ① 로마의 Prati 근처에서 발견된 한 인형은 상아로 만들어졌고 18세의 나이에 죽었던 그것의 주인 옆에 놓여 있었다. (② 문명의 이해에 있어서의 큰 성장은 무역의 다른 중요한 역할에 대한 인식을 상승시켰다.) ③ 그 인형 옆에는 역시 상아로 만들어진 작은 상자가 있었는데 작은 빗들과 은으로 만든 거울을 담고 있었다. ④ 그 인형은 손가락에 반지를 끼고 있었고 작은 열쇠를 쥐고 있었는데, 그것은 그 상자의 자물쇠를 열어 주었다.」

ANSWER 32.②

33 다음 글의 밑줄 친 부분에 들어갈 말로 가장 적절한 것은?

Antarctica is located at 'the bottom of the world' and has only two seasons, a long winter and a short summer. In winter the sun never rises and the temperatures can plunge as low as 90℃ below zero. Antarctica is covered with masses of ice, but under all this ice is land. Scientists have found the preserved remains of the same plants and animals that lived in a warm climate. This finding implies that once, millions of years ago ______________________.

① Antarctica had no wildlife
② Antarctica had a civilization
③ Antarctica had a warm climate
④ there was an eruption of a volcano in Antarctica

단어 **Antarctica** 남극대륙 **plunge** 가라앉다, (어떤 상태에) 이르게 되다 **below zero** 영하 **remain** 나머지, 잔해

해석 「남극은 '세계의 바닥'에 위치하고, 단지 긴 겨울과 짧은 여름의 두 계절만 있다. 겨울에는 태양이 결코 떠오르지 않고, 기온은 항상 영하 90도까지 내려간다. 남극은 거대한 얼음덩어리로 뒤덮여 있는데, 이 얼음 밑에는 땅이 있다. 과학자들은 온화한 기후에서 살았던 것과 똑같은 동식물들이 보존된 잔재를 발견했다. 이 발견은 한 때 수백만 년 전에 남극이 온화한 기후를 가졌다는 것을 암시한다.」

보기 ① 남극에는 야생생물이 없었다.
② 남극에는 문명이 있었다.
④ 남극에 화산의 폭발이 있었다.

ANSWER 33.③

34 글의 흐름으로 보아 주어진 문장이 들어가기에 가장 적절한 곳은?

While one roommate does research, another chats online with friends, and a third download music.

We're pretty sure that we could take a closer look everyday at how the Internet is changing our lives and not run out of things to say. Even our most receptive colleagues who embrace every new piece of new technology have a hard time keeping up with the potential. ① Not long ago during the visit to the University of New Hampshire we noticed how connected the students were to the university's resources as well as the Internet. ② If you want to know what your future may look like, just peek into this dorm at Berkeley where the computer dominates every aspect of these young lives. ③ That's because this dorm, like thousands of others across the country, has recently been wired with high-speed Internet access called Ethernet. ④ It eliminates the need for the slower phone modems they left back home.

해설 제시된 문장은 기숙사 룸메이트 3명을 예로 들고 있다. 글의 흐름상 Berkeley대학 기숙사의 젊은이들의 모습을 보여주고 있다.

단어 **be sure that** ~을 확신하다 **take a close look at** 자세히 관찰하다, 들여다 보다 **receptive** 잘 받아들이는 **embrace** 얼싸안다, 껴안다, 포함하다 **keep up with** 따라잡다, 유지하다 **potential** 잠재적인, 잠재력 **connect** 잇다, 연결하다 **resource** 자원, 수단, 연구력 **A as well as B** B뿐만 아니라 A도 역시 **dominate** 지배하다, 통치하다 **aspect** 양상, 모습 **eliminate** 제거하다, 배제하다

해석 「우리가 매일의 삶을 자세히 관찰해 보면, 인터넷이 우리의 생활을 어떻게 바꾸었는지와 거기에 대해 말할 것이 많음을 잘 알 수 있다. 심지어 새로운 기술공학을 매일 습득해야 하므로 수용적 태도를 가진 많은 동료들조차 그 잠재성을 따라가는 데 어려움을 느낀다. ① 얼마 전 New Hampshire 대학을 방문했을 때, 우리는 학생들이 인터넷뿐만 아니라 학교의 시설 자원과 얼마나 잘 연결되어 있는지를 보았다. ② 만약 당신이 당신의 미래가 어떤지 알기를 원한다면, 컴퓨터가 젊은이들의 삶의 모든 측면을 지배하고 있는 Berkeley 대학의 이 기숙사를 단지 살짝 엿보는 것으로 알 수 있을 것이다. ③ 한 룸메이트가 학술조사를 하고 있는 동안 다른 사람은 친구와 온라인 채팅을 하고 있으며, 또 다른 사람은 음악을 다운로드하고 있다. 이것은 이 기숙사가 수천 개의 전국에 있는 다른 기숙사처럼 최근에 Ethernet이라고 불리는 초고속 인터넷과 연결되어 있기 때문이다. ④ 이것은 집에 있는 느린 전화 모뎀에 대한 필요성을 없애준다.」

ANSWER 34.③

35 다음 주어진 문장에 이어질 글의 순서로 가장 적절한 것은?

While cordless drills are ideal portable devices, they are not well suited to masonry work.

(A) This is because cordless drills are not as powerful (the drill bit does not revolve as fast) and the battery will quickly drain if used to drill into brick.
(B) If you intend to use the drill for a lot of non-wood drilling (particularly masonry), then you should purchase a corded drill.
(C) However, for the occasional masonry hole, cordless drills are still adequate.

① (B) − (A) − (C)
② (B) − (C) − (A)
③ (C) − (A) − (B)
④ (C) − (B) − (A)

단어 **cordless** 전화선 없는, 코드가 필요 없는 **portable** 들고 다닐 수 있는, 운반할 수 있는 **be suited to** ~에 적합하다, ~에 어울리다 **masonry** 석공술, 석조건축 **revolve** 회전하다, 순환하다, 운행하다 **drain** 다 써버리다, 고갈시키다, 차츰 소모시키다

해석 「비록 코드가 없는 드릴이 휴대하기 좋은 이상적인 장비이지만, 그것들은 석공일에는 적합하지 않다.
(B) 만약 당신이 나무 목재가 아닌 일(특히, 석공일)을 위해 드릴을 사용하고자 한다면, 당신은 코드가 있는 드릴을 구입해야 할 것이다.
(A) 이는 코드 없는 드릴은 힘이 강하지 못하고(이런 드릴도구는 빠르게 회전하지 못한다), 만약, 벽돌에 구멍을 뚫기 위해 사용할 때는 배터리가 빨리 닳기 때문이다.
(C) 그러나 가끔 석공구멍을 뚫을 때는, 여전히 코드 없는 드릴이 적합하다.」

ANSWER 35.①

Speed Check 04 생활영어

2021 소방공무원

1 빈칸에 들어갈 말로 가장 적절한 것은?

> A : So, ______________________?
> B : It's small, but it's very convenient.
> A : That's good. Where is it?
> B : It's downtown, on Pine Street.
> A : How many rooms are there?
> B : It has one bedroom, a living room, a kitchen, and a small bathroom.

① where is your apartment

② how far is your apartment from here

③ what else do you need for your move

④ what's your new apartment like

해설 B의 답변 (작지만 편리하고 침실, 거실, 부엌 · 화장실이 있다)과 A의 질문 (어디에 있는가?, 방은 몇 개인가)를 통해 빈칸을 유추할 수 있다.

단어 **convenient** 편리한

해석 「A : 그래, 새 아파트는 어떤가요?
B : 작지만, 아주 편리해요.
A : 잘됐네요. 어디에 있지요?
B : Pine Street에 있는 시내에 있어요.
A : 방이 몇 개예요?
B : 침실 하나, 거실, 부엌, 그리고 작은 화장실이 있어요.」

보기 ① 아파트는 어디에 있나요?
② 당신의 아파트는 여기서 얼마나 먼가요?
③ 이사를 위해 또 무엇이 필요한가요?
④ 새 아파트는 어떤가요?

ANSWER 1.④

2021 소방공무원

2 빈칸에 들어갈 말로 가장 적절한 것은?

W : You look tired. Are you okay?
M : I'm not tired. I have a cold and I'm suffering from an allergy, too. I have no idea what to do.
W : That's terrible. Did you go see a doctor?
M : ______________________________.

① I happen to have the same allergy
② Drink hot herbal tea and take a rest
③ Yes, I did. But the medication doesn't help much
④ Excuse me, but I'd like to change my appointment

해설 W의 마지막 질문에 대한 답변으로는 병원에 갔는지, 안 갔는지에 대한 내용이 절절하다.

단어 **suffer from** ~로 고통받다

해석 「W : 피곤해 보이네요. 괜찮으세요?
M : 난 피곤하지 않아요. 감기에 걸렸고 알레르기로 고통받고 있어요. 어떻게 해야 할지 모르겠어요.
W : 정말 안됐군요. 의사한테 가봤어요?
M : 네, 그랬어요. 하지만 그 약은 별로 도움이 되지 않았어요.」

보기 ① 저도 같은 알레르기가 있어요.
② 따뜻한 허브차를 마시고 휴식을 취하세요.
③ 네, 그랬어요. 하지만 그 약은 별로 도움이 되지 않았어요.
④ 미안하지만, 약속을 변경하고 싶어요.

ANSWER 2.③

2021 소방공무원

3 빈칸에 들어갈 말로 가장 적절한 것은?

A : Hey, have you heard of the new parking rules?
B : No, I haven't heard of any changes. What's up?
A : There are new rules about how close you can park to a fire hydrant.
B : Sounds like something I need to know.
A : Yes, anyone parking within five meters of a fire hydrant will be fined.
B : That could make parking difficult, but I know in the long run this ______________ for everyone.

① costs a lot
② sounds so noisy
③ makes it dangerous
④ will be beneficial

해설 소화전과 거리를 두고 주차를 해야 하는 규정이 주차를 불편하게 할 것이라는 주장에 'but'으로 연결되어 뒤의 내용이 이어지고 있다. 따라서 빈칸에는 해당 규정이 장기적으로 긍정적인 영향을 미친다는 내용이 오는 것이 적절하다.

단어 **fire hydrant** 소화전 **be fined** 벌금에 처해지다 **in the long run** 결국에는, 장기적으로는

해석 「A : 저기, 새로운 주차 규정 들어봤어요?
B : 아니요, 어떤 변경도 들어본 적이 없어요. 뭔가요?
A : 소화전에 얼마나 가까이 주차할 수 있는지에 대한 새로운 규정이 있어요.
B : 제가 알아야 할 것 같은데요.
A : 네, 소화전에서 5미터 이내에 주차하는 사람은 벌금을 물어야 해요.
B : 그렇게 하면 주차하기가 어려울 수도 있지만, 장기적으로 보면 모두에게 이익이 될 것이라는 건 알아요.」

보기 ① 비용이 많이 든다.
② 소리가 시끄럽다.
③ 위험하게 만든다.
④ 이익이 될 것이다.

ANSWER 3.④

2021 소방공무원

4 **빈칸에 들어갈 말로 가장 적절한 것은?**

> A : Hey Anna, what's up?
> B : Well, it's my birthday on Sunday, and I'm having a party. Can you come?
> A : Sure! I'd love to.
> B : Great. I live in the Evergreen Apartment.
> A : ______________________?
> B : From the park just go up First Avenue. Take a left on Pine Street.

① Can you give me directions
② What's your apartment number
③ Is there a park nearby
④ When was Evergreen Apartment built

해설 빈칸에서 이어지는 B의 답변이 길을 설명하고 있으므로 빈칸에는 길을 묻는 내용을 골라야 한다.

해석 「A : Anna, 무슨 일이에요?
B : 음, 일요일은 제 생일이고, 파티를 열 거예요. 오실 수 있나요?
A : 물론이죠! 그러고 싶어요.
B : 좋아요. 저는 Evergreen 아파트에 삽니다.
A : 길을 좀 가르쳐 주시겠어요?
B : 공원에서 1번가로 올라가면 돼요. Pine Street에서 왼쪽으로 가세요.」

보기 ① 길을 좀 가르쳐 주시겠어요?
② 아파트 몇 호인가요?
③ 근처에 공원이 있나요?
④ Evergreen 아파트는 언제 지어졌나요?

2021 소방공무원

5 **다음 대화문 중 가장 어색한 것은?**

① A : Why did your computer suddenly shut down?
B : I tried to figure it out, but I couldn't find what's wrong.
② A : Did you get the guide book for rock-climbing?
B : I'd like to go there someday.
③ A : This skirt doesn't fit me.
B : How about getting a refund or an exchange?
④ A : I am going to buy some souvenirs for my family.
B : How about making a shopping list?

ANSWER 4.① 5.②

보기 ① A : 왜 갑자기 컴퓨터가 꺼졌어요?
B : 알아내려고 했는데, 뭐가 잘못됐는지 모르겠어요.
② A : 암벽등반 안내서 받았어요?
B : 언젠가 가보고 싶어요.
③ A : 이 치마는 저한테 안 맞아요.
B : 환불하거나 교환하는 건 어때요?
④ A : 나는 우리 가족을 위해 기념품을 좀 살 거예요.
B : 쇼핑 목록을 만드는 게 어때요?」

2021 소방공무원

6 빈칸에 들어갈 말로 가장 적절한 것은?

A : Excuse me, but will you look at this form?
B : Sure, are you having problems with it?
A : I don't understand this one. What does "MM/DD/YY" mean?
B : Oh, that means "Month/Day/Year." Use numbers. For example, if your birth date is January 12, 1997, write 01/12/97.
A : ______________________________.
B : Also, don't forget to sign before you submit the form.

① That's simple enough
② I didn't bring my photo ID
③ I have already complained about it
④ My wife's birthday is just two weeks away

해석 「A : 실례지만, 이 양식을 좀 봐주시겠어요?
B : 물론이죠, 그것에 문제가 있나요?
A : 이게 이해가 안 돼요. "MM/DD/YY"는 무엇을 의미하나요?
B : 아, 그건 "월/일/년"이라는 뜻이에요. 숫자를 사용합니다. 예를 들어, 생일이 1997년 1월 12일인 경우, 01/12/97이라고 씁니다.
A : 그거면 충분해요. (= 충분한 설명이 됐어요.)
B : 또한, 양식을 제출하기 전에 서명하는 것도 잊지 마세요.」

보기 ① 그거면 충분해요.
② 사진 아이디를 안 가져왔어요.
③ 저는 그것에 대해 이미 불평했어요.
④ 제 아내의 생일이 2주 앞으로 다가왔어요.

ANSWER 5.②

2020 소방공무원

7 **다음 대화문 중 어색한 것은?**

① A : I think I've come down with flu.

B : I'm glad you've recovered.

② A : Can you give me a hand after class?

B : Why not? What's the occasion?

③ A : How about going fishing this weekend?

B : Sorry. I have an appointment.

④ A : When does the festival take place?

B : It's from February 2nd to March 3rd.

해설 A의 말을 바탕으로 B의 대답이 적절하지 않은 것을 찾아야 한다.

단어 **flu** = **influenza** 독감 **appointment** 약속

보기 ① A : 나 독감에 걸린 것 같아.
B : 네가 회복되어서 기뻐.
② A : 수업 끝나고 나 좀 도와줄래?
B : 왜 그래? 무슨 일이야?
③ A : 이번 주말에 낚시하러 가는 게 어때?
B : 미안해. 나 약속이 있어.
④ A : 축제는 언제 개최되니?
B : 2월 2일부터 3월 3일까지야.

ANSWER 7.①

2020 소방공무원

8 다음 대화의 빈칸에 들어갈 말로 가장 적절한 것은?

> A : Reception desk. How may I help you?
>
> B : Hello. Would you send a hair dryer up to my room?
>
> A : Well, madam, there should be one in your room. Have you had a look in the bathroom, by the basin?
>
> B : Yes, and ____________________.
>
> A : I'm sorry about that. I'll see to it immediately. And your room number, please?
>
> B : Room 301.

① I can see it here

② I can't find one anywhere

③ there is one in the bathroom

④ I don't need it anymore

해설 호텔에 묵는 손님과 프런트 직원의 통화 상황이다.

단어 **Reception** 응접, 접대 **basin** = **washbasin** 세면기, 대야 **immediately** 즉시

해석 「A : 프런트입니다. 무엇을 도와드릴까요?
B : 여보세요. 드라이기를 제 방으로 보내 주시겠어요?
A : 저, 손님, 방에 하나 있을 겁니다. 화장실, 세면대 옆을 보셨나요?
B : 네, 그리고 어디에서도 찾을 수가 없어요.
A : 죄송합니다. 즉시 처리하겠습니다. 방 번호가 어떻게 되십니까?
B : 301호입니다.」

보기 ① 여기 보이네요.
② 어디에서도 찾을 수가 없어요.
③ 화장실에 하나 있네요.
④ 더 이상 필요 없어요.

ANSWER 8.②

2020 소방공무원

9 **밑줄 친 부분의 의미와 가장 유사한 것은?**

A : A doctor! I need a doctor!
B : Give me some details, sir.
A : Something is wrong with my wife. She's lying on the floor.
B : Sir, if you don't calm down, you might have a stroke yourself.
A : You're right, I'm beside myself with worry.
B : Hold on, sir. I'm connecting you with 119.
A : Hurry up!

① I'm out of my mind with worry.
② I don't have to bring her out.
③ I stand by her as much as I can.
④ I sit on the floor next to her.

해설 의식이 없는 사람에 대한 신고 전화를 받은 상황이다.

단어 **detail** 세부 사항, 정보 **stroke** 뇌졸중 **be beside oneself with** ~으로 제정신이 아니다, 이성을 잃다

해석 「A : 의사! 의사가 필요해요!
B : 자세한 사항을 말씀해 주세요, 선생님.
A : 아내에게 문제가 생겼어요. 그녀가 바닥에 누워 있어요.
B : 선생님, 진정하지 않으시면, 쓰러지실 수도 있습니다.
A : 맞네요, 걱정으로 이성을 잃었어요.
B : 잠시만 기다리세요. 119와 연결 중입니다.
A : 서둘러요!」

보기 ① 걱정으로 제정신이 아니에요.
② 나는 그녀를 데리고 나갈 필요가 없어요.
③ 나는 할 수 있는 한 그녀를 변함없이 지지해요.
④ 나는 그녀 옆 바닥에 앉았어요.

ANSWER 9.①

2020 소방공무원

10 다음 대화의 빈칸에 들어갈 말로 가장 적절한 것은?

A : This is 911. What's your emergency?
B : My friend's hurt! We need an ambulance!
A : ______________________________?
B : Yes, she was hit by a car! I think her leg is broken.
A : I'll send an ambulance. Where are you?
B : We're at 203 North Rose Avenue.
A : OK, someone will come soon. Stay on the line, please.

① What do you like most about her
② Why don't you take her out for a walk
③ Can you explain exactly what happened
④ Can you give me some advice on staying healthy

해설 교통사고 신고를 받은 상황이다. 빈칸 뒤 B의 대답을 바탕으로 들어갈 말을 유추할 수 있다.

단어 **hurt** 다치다 **avenue** 거리, -가

해석 「A : 911입니다. 어떤 응급상황입니까?
B : 친구가 다쳤어요! 구급차가 필요해요!
A : 무슨 일이 있었는지 정확히 설명해 주실 수 있습니까?
B : 네, 그녀는 차에 치였어요! 제 생각에 그녀의 다리가 부러진 것 같아요.
A : 구급차를 보내겠습니다. 어디 계십니까?
B : 저희는 North Rose가 203에 있어요.
A : 알겠습니다. 누군가 곧 올 겁니다. 전화를 끊지 말고 기다리세요.」

보기 ① 당신은 그녀의 어떤 점을 가장 좋아합니까?
② 그녀를 데리고 나가서 산책하는 게 어때요?
③ 무슨 일이 있었는지 정확히 설명해 주실 수 있습니까?
④ 건강 유지에 대해 조언 좀 해 줄 수 있나요?

ANSWER 10.③

2020 소방공무원

11 **다음은 기자 A와 소방관 B와의 인터뷰이다. 빈칸에 들어갈 말로 가장 적절한 것은?**

> A : This is Hugh Craig. He helped to fight a big fire in Lust Forest last night. Thank you for letting ABC News interview you.
> B : No problem.
> A : Was it hard to put out the fire?
> B : Yes. We needed 15 firefighters, and it took about 3 hours to put it out.
> A : ______________________________?
> B : Some campers left a campfire burning in the forest.
> A : That's too bad. People need to be very careful with campfires. They can cause forest fires.
> B : That's right. Everyone, make sure you put out your campfires before you leave!

① What caused the fire
② What is the main reason of today's deforestation
③ How was your campfire last night
④ How long does it take to get there

해설 소방관을 인터뷰하는 상황이다. 빈칸 뒤 B의 대답을 바탕으로 들어갈 말을 유추할 수 있다.

단어 **firefighter** 소방관 **camper** 야영객 **campfire** 모닥불 **let** (~을 하도록) 허락하다 **put out** (불을) 끄다 **make sure** 반드시 (~하도록) 하다

해석 「A : 이 분은 Hugh Craig입니다. 그는 어젯밤 Lust Forest에서 큰불과 싸우는 것을 도왔습니다. ABC뉴스가 인터뷰하는 것을 허락해 주셔서 감사합니다.
B : 문제없어요.(→'고맙기는요'의 의미로 이해하는 것이 자연스럽다.)
A : 불을 끄기가 힘들었습니까?
B : 네. 소방관 15명이 필요했는데, 그것을 끄는 데 3시간 정도가 걸렸습니다.
A : 무엇이 화재를 일으켰나요?
B : 몇몇 야영객들이 숲에 불이 타고 있는 모닥불을 남겨뒀습니다.
A : 안타깝군요. 사람들은 모닥불에 매우 주의할 필요가 있습니다. 그것들은 산불을 초래할 수 있습니다.
B : 맞습니다. 모두들 떠나기 전에 반드시 모닥불을 꺼 주십시오!」

보기 ① 무엇이 화재를 일으켰나요?
② 오늘날 삼림 벌채의 주된 이유는 무엇인가?
③ 어젯밤 캠프파이어는 어땠나요?
④ 거기 가려면 얼마나 걸리죠?

ANSWER 11.①

2020 소방공무원

12 **다음 대화의 빈칸에 들어갈 말로 가장 적절한 것은?**

A : Could you take a look at my legs? They hurt so much.

B : Oh my! What happened to your legs? They're really red and all swollen!

A : I don't know. I just slept on my electric blanket with a heat pack.

B : An electric blanket and a heat pack? I think you got burned!

A : It can't be. I kept the blanket temperature on low. It was 30℃ or so.

B : ______________________.

A : Why?

B : That's because our skin could be damaged if it is exposed to any heat for a long while.

A : Really? I didn't know that. I didn't even feel it hot!

B : Anyway, you need to see a doctor.

① Setting it too low doesn't warm your body at all

② It's important not to set the temperature too high

③ It doesn't matter whether you set it at low or high

④ Sleeping on an electric blanket can dehydrate your body

해설 전기담요에 저온화상을 입은 상황이다. 빈칸 앞에서 A는 전기담요 온도를 낮게 해 놔서 화상을 입었을 리 없다고 말하고 있으므로, 온도는 문제가 되지 않는다는 내용이 들어가는 것이 적절하다.

단어 **swollen** 부어오른 **temperature** 온도 **exposed** 노출된 **take a look at** ~을 보다 **or so** ~쯤(정도)

해석 「A : 내 다리 좀 봐줄래? 너무 아파.
B : 이런! 다리가 왜 그래? 그것들은 되게 빨갛고 모두 부었어!
A : 모르겠어. 난 그냥 전기담요 위에 온열 팩을 깔고 잤어.
B : 전기담요와 온열 팩? 내 생각엔 화상을 입은 것 같아!
A : 그럴 리 없어. 담요 온도를 낮게 유지했는걸. 30도쯤이었다고.
B : 온도를 낮거나 높게 설정하는 것은 문제가 되지 않아.
A : 왜?
B : 그것은 우리의 피부가 오랫동안 어떤 열에 노출되면 손상을 입을 수 있기 때문이야.
A : 정말? 나는 몰랐어. 뜨겁다는 느낌조차 못 느꼈는데!
B : 어쨌든, 병원에 가봐야 해.」

보기 ① 너무 낮게 설정하는 것은 몸을 전혀 따뜻하게 하지 않는다.
② 온도를 너무 높게 설정하지 않는 것이 중요하다.
③ 낮거나 높게 설정하는 것은 문제가 되지 않아.
④ 전기담요 위에서 자는 것은 당신의 몸을 탈수시킬 수 있다.

ANSWER 12.③

2019 소방공무원

13 다음 대화의 빈칸에 들어갈 말로 가장 적절한 것은?

> A : Hello, Mr. Johnson. How can I help you?
> B : Hello, doctor. I think ______________________ when I tripped over a rock yesterday.
> A : OK, we need a quick examination. Can you tell me where it hurts?
> B : Yeah, just here.
> A : I see. I suppose we'd better get an X-ray.

① I caught the flu
② I sprained my ankle
③ I had a skin problem
④ I developed a sore throat

해설 의사와 환자의 대화이다. 마지막에서 X-ray를 찍는 게 좋을 것 같다고 하였으므로, 이와 관련된 내용을 찾는다.

단어 **examination** 검사 **suppose** 추정하다, 가정하다

해석 「A : 안녕하세요, Johnson씨. 무엇을 도와드릴까요?
B : 안녕하세요, 의사선생님. 어제 바위에 발이 걸려 넘어지면서 발목을 삐었어요.
A : 그렇군요, 빠른 검사가 필요합니다. 어디가 아픈지 말해줄래요?
B : 네, 바로 여기에요.
A : 알겠어요. 엑스레이를 찍는 것이 더 나을 것 같네요.」

보기 ① 감기에 걸리다.
② 발목을 삐다.
③ 피부 질환에 걸리다.
④ 인후염이 생기다.

ANSWER 13.②

2019 소방공무원

14 다음 대화의 빈칸에 들어갈 말로 가장 적절한 것은?

> A : John, look. Can you believe this?
> B : Oh, my! What happened to your smartphone?
> A : It's totally broken. I dropped it while I was trying to put on my coat.
> B : Sorry to hear that. Did you take it to a customer service center?
> A : Yes, but they said buying a new one would ______________ than getting it fixed.
> B : I know what you mean. Have you decided which phone you want to buy?
> A : Not yet! I don't know which one to buy. Can you help me to choose one?
> B : Of course, we can go tomorrow.

① cost me less

② be less productive

③ take me more effort

④ be more harmful to the environment

해설 'buying a new one'과 'getting it fixed' 중 새로 사는 것을 선택하게 된 타당한 이유가 들어가야 한다.

단어 **totally** 완전히 **drop** (잘못해서) 떨어뜨리다

해석 「A : 존, 봐봐. 이게 믿어져?
B : 오, 이런! 스마트폰이 왜 이래?
A : 완전히 망가졌어. 코트를 입으려다가 폰을 떨어뜨렸어.
B : 안됐네. 고객 서비스 센터에 가지고 가 봤어?
A : 그래, 하지만 새 것을 사는 게 고치는 것보다 비용이 덜 든다고 했어.
B : 무슨 말인지 알겠다. 어떤 전화기를 사고 싶은지는 결정했어?
A : 아직! 어떤 것을 사야 할지 모르겠어. 고르는 걸 도와줄 수 있을까?
B : 물론, 우리 내일 가보자.」

보기 ① 비용이 덜 든다.
② 생산성이 떨어지다.
③ 더 많은 수고가 들다.
④ 환경에 더 해롭다.

ANSWER 14.①

2019 소방공무원

15 다음 대화문 중 어색한 것은?

① A : I don't want to go alone.
　B : Do you want me to come along?

② A : I feel a little tired.
　B : I think you need to take a break.

③ A : I can't take it anymore.
　B : Calm down.

④ A : I'll keep my fingers crossed for you.
　B : When did you hurt your fingers?

해설 keep my fingers crossed는 (인지 위에 중지를 교차시켜) '행운을 빌다'라는 의미로 쓰인다.

단어 **anymore** 이제는, 더 이상

보기 ① A : 나 혼자 가기 싫어.
B : 내가 같이 가길 원하니?
② A : 좀 피곤해.
B : 넌 좀 쉬어야 할 것 같아.
③ A : 더 이상 참을 수 없어.
B : 진정해.
④ A : 네게 행운을 빌어줄게.
B : 언제 손가락을 다쳤어?

2018 소방공무원

16 두 사람의 대화에서 가장 어색한 것은?

① A : This is Carol. How may I help you?
　B : Hi, I am calling to inform you that my child is sick and will not be in school today.

② A : Hi, this is Nidia. Is Sherri there?
　B : I'm sorry. You have the wrong number.

③ A : I have been working hard lately.
　B : Well, I was wondering if you would like to come to the beach with me this weekend.

④ A : Hey, if you are bored you should play basketball with us.
　B : I was going to ask them if they wanted to come.

ANSWER 15.④ 16.④

해설 질문과 대답이 어색한 대화를 찾는다.

단어 **lately** 요즘, 최근에 **bored** 지루해하는

보기 ① A : 캐롤입니다. 무엇을 도와드릴까요?
B : 안녕하세요, 저희 아이가 아파서 오늘 학교에 결석한다고 알리려고 전화했어요.
② A : 안녕하세요, 니디아인데요. 셰리 있나요?
B : 미안합니다. 잘못 거셨어요.
③ A : 나는 최근에 열심히 일하고 있어.
B : 그렇구나, 나는 이번 주말에 네가 나와 함께 해변에 오는 게 어떨까 궁금한데.
④ A : 야, 지루하면 우리와 농구하자.
B : 나는 그들에게 오고 싶은지 물어보려고 했어.

17 다음 대화의 빈칸에 들어갈 말로 가장 적절한 것은?

A : This is 119. What's your emergency?
B : I was stuck in an elevator.
A : ____________________?
B : Yes, just me.

① Are there any Koreans around you
② Is that enough information
③ Are you alone there
④ What's your location

해석 「A : 119입니다. 무엇을 도와 드릴까요?
B : 엘리베이터에 갇혔어요.
A : 거기 혼자 계신가요?
B : 네, 저 혼자에요.」

보기 ① 근처에 한국 사람들이 있나요?
② 이 정보면 충분한가요?
③ 거기 혼자 계신가요?
④ 위치가 어떻게 되십니까?

ANSWER 17.③

18 다음 대화의 빈칸에 들어갈 말로 가장 적절한 것은?

> A : This is 119. What is your emergency?
> B : A vacationer is drowning in a river.
> A : What's your location?
> B : I'm not sure, exactly. The sign says "Naerincheon Valley"
> A : I'll send rescue team there to meet you.
> B : Okay, please come right away.
> A : Throw a rope or tree branch something to that man. Please, ______________.

① don't move
② shout out loud
③ call again later
④ don't go into the water

해설 수난사고 신고 상황이다. 빈칸 앞의 문장을 고려할 때 밧줄이나 나뭇가지 등을 던져주고, 물에는 들어가지 말라는 내용이 와야 한다.

단어 **drowning** 물에 빠진, 익사하는 **branch** 가지

해석 「A : 119입니다. 어떤 긴급상황입니까?
B : 피서객 하나가 물에 빠졌어요.
A : 위치가 어디십니까?
B : 확실히 모르겠어요. 표지판에 "내린천 계곡"이라고 쓰여 있어요.
A : 구조팀을 그곳으로 보내서 당신을 만나도록 하겠습니다.
B : 알겠어요. 지금 바로 와 주세요.
A : 그 사람에게 밧줄이나 나뭇가지 따위를 던져 주세요. 제발 물에 들어가지 마십시오.」

보기 ① 움직이지 마세요.
② 크게 소리치세요.
③ 나중에 다시 전화하세요.
④ 물에 들어가지 마세요.

ANSWER 18.④

19 **다음 대화의 빈칸에 들어갈 말로 가장 적절한 것은?**

> A : First of all, you need to calm down. What's the apartment number where the fire is located?
> B : It's building 2003, and the fire started at 9th or 10th floor.
> A : ________________________?
> B : I don't see flames but there is a lot of smoke.

① What is your emergency

② Do you see flames or smoke

③ Where is the location of the fire

④ Are they any Korean around

해설 마지막에 B와 같은 대답이 나올 수 있는 질문은 ②번이다.

단어 **calm down** 진정하다 **be located** ~에 위치하다 **floor** 바닥, 층 **flame** 불길, 불꽃 **a lot of** 많은 **smoke** 연기

해석 「A : 우선 진정하세요. 아파트 몇 동 몇 호에서 불이 났습니까?
B : 2003동이고, 9~10층 정도입니다.
A : 불꽃이나 연기가 보이십니까?
B : 불꽃은 보이지 않지만 연기가 많이 납니다.」

보기 ① 무엇을 도와드릴까요?
② 불꽃이나 연기가 보이십니까?
③ 불이 난 곳 위치가 어떻게 되나요?
④ 근처에 한국 사람은 없습니까?

ANSWER 19.②

20 다음 대화의 빈칸에 들어갈 말로 가장 적절한 것은?

> A : How many stories are there in this building?
> B : There is two basement and the building is seven stories high.
> A : ______________________________?
> B : We have one main stairway and one escape stairway.

① How many stairs are there in this building
② Are there any multi purpose facilities in this building
③ Dose the fire extinguishing equipment work properly
④ How did you know there was fire

해설 소방검사 현장에서 나타날 수 있는 대화이다. 마지막 B와 같은 대답이 올 수 있는 질문은 ①번이다.

단어 **story** 층 **basement** 지하층 **stairway(= stair)** 계단 **escape** 탈출, 도피 **multi purpose** 다목적의 **facility** 시설 **extinguishing** 소멸, 소화 equipment 장비, 용품 **fire extinguishing equipment** 소화장치 **properly** 제대로, 적절히

해석 「A : 이 건물은 몇 층 건물입니까?
B : 지하 2층에 지상 7층 건물입니다.
A : 이 건물에 계단은 몇 개 입니까?
B : 주계단 1개와 피난계단 1개가 있습니다.」

보기 ① 이 건물에 계단은 몇 개 입니까?
② 이 건물 안에 다중 이용시설이 있습니까?
③ 소방시설은 정상적으로 작동되고 있습니까?
④ 화재 발생 사실을 어떻게 아셨습니까?

ANSWER 20.①

21 다음 대화의 빈칸에 들어갈 말로 가장 적절한 것은?

> A : Who is the owner of this car?
> B : It's mine.
> A : ______________________________?
> B : I heard the alarm sounds and it was on fire.

① Do you know the year of the car

② How did you know there was a fire

③ Who set off the fire alarm

④ Do you know the cause of the fire

해설 차량화재 신고현장에서 나타날 수 있는 대화이다. 마지막 B와 같은 대답이 올 수 있는 질문은 ②번이다.

단어 **owner** 주인, 소유주 **mine** 나의 것 **set off** (폭탄 등을) 터뜨리다, (경보 장치를) 울리다 **fire alarm** 화재경보기 **cause** 원인

해석 「A : 이 차량의 차주가 누구십니까?
B : 접니다.
A : 화재가 난 것을 어떻게 아셨습니까?
B : 경보음이 들려서 나와 보니 불타고 있었습니다.」

보기 ① 차량년도를 아십니까?
② 화재가 난 것을 어떻게 아셨습니까?
③ 누가 화재경보기를 울렸습니까?
④ 화재의 원인이 무엇인지 아십니까?

ANSWER 21.②

22 다음 대화의 빈칸에 들어갈 말로 가장 적절한 것은?

> A : Did you call 119?
> B : Yes, I did.
> A : This area is under a typhoon threat. ________________.
> B : What do I need to do?
> A : Take some necessities, money and important documents.

① Calm down, please
② You should evacuate
③ Don't miss the call
④ Stay still

해설 생필품과 돈, 중요한 서류를 챙기라는 것으로 볼 때, 대피해야 하는 상황임을 알 수 있다.

단어 **area** 지역, 구역 **threat** 위협, 위험 **necessities** 필수품 **document** 서류, 문서 **evacuate** 떠나다, 피난하다, 대피시키다 **still** 아직도, 계속해서

해석 「A : 119에 신고하셨습니까?
B : 네, 제가 했어요.
A : 이 지역은 태풍의 영향권에 있습니다. 대피해야 합니다.
B : 어떻게 하죠?
A : 가벼운 생필품과 돈, 중요한 서류 등을 챙기세요.」

보기 ① 진정하십시오.
② 대피해야 합니다.
③ 전화를 꼭 받으십시오.
④ 그대로 계십시오.

ANSWER 22.②

23 다음 대화의 빈칸에 들어갈 말로 가장 적절한 것은?

A : Goyang Fire Department. What is your emergency?
B : This is Pung-dong. I think we are having an earthquake here.
A : Where is the exact location? ______________________?
B : 1234 Pung-dong. I'm in house now.
A : Okay. Stay calm and follow my instructions, please.
B : Yes.

① Are you inside a building
② Can you move
③ Are there any other people around you
④ Do you know what exploded

해설 'I'm in house now.'라는 문장으로 보아 ①번이 적절하다.

단어 **earthquake** 지진 **exact** 정확한 **instruction** 지시 **explode** 폭발하다

해석 「A : 고양소방서입니다. 무엇을 도와드릴까요?
B : 여기 풍동인데요. 지금 지진이 나는 것 같아요.
A : 지금 계신 곳이 정확히 어디신가요? 건물 안인가요?
B : 풍동 1234번지요. 집 안에 있어요.
A : 알겠습니다. 진정하시고 제 지시를 따라 주세요.
B : 네.」

보기 ① 건물 안인가요?
② 움직일 수 있으세요?
③ 주위에 다른 사람은 없나요?
④ 무엇이 폭발했는지 아시나요?

ANSWER 23.①

24 다음 대화의 빈칸에 들어갈 말로 가장 적절한 것은?

> A : I'm a rescue worker from the Goyang Fire Department.
> ______________________________.
> B : Okay, take me out quickly.
> A : Is anyone hurt inside?
> B : No, no one is hurt.
> A : Try to open the door inside.
> B : Okay, just a second. I just did.

① It started two hour ago
② Any hospital will be okay with me
③ We will send you an ambulance right away
④ We will rescue you soon

해설 엘리베이터에 갇힌 사람을 구조하는 현장에서 할 수 있는 대화로, ④번이 올 수 있다.

단어 **rescue worker** 구조대원 **take out** 꺼내다, 끄집어내다 **quickly** 빨리 **try** 노력하다, 시도하다

해석 「A : 고양소방서 구조대원입니다. 곧 구조해 드리겠습니다.
B : 네, 빨리 꺼내 주세요.
A : 안에 다치신 분이 계신가요?
B : 아니요, 다친 사람은 없어요.
A : 안쪽에서 문을 벌려 보세요.
B : 네, 잠깐만요. 벌렸어요.」

보기 ① 2시간 전쯤인 것 같아요.
② 아무 병원이나 괜찮아요.
③ 구급차를 바로 보내드리겠습니다.
④ 곧 구조해 드리겠습니다.

ANSWER 24.④

25 다음 대화의 빈칸에 들어갈 말로 가장 적절한 것은?

> A : Hello. 119.
> B : There might be a tsunami. What should I do?
> A : Where are you?
> B : 1234 Pung-dong.
> A : You are in a tsunami danger zone. Pack simple necessities and prepare to evacuate.
> B : Okay, but where should I evacuate to?
> A : ________________________.

① Evacuate to a higher place if the water level keeps rising
② Avoid dangerous areas and only use safe roads
③ There is a shelter at Goyang Middle School
④ Ilsan area is under a typhoon threat

해설 어디로 대피해야 하는지 물었으므로, 대피소가 있는 곳을 알려주는 대답이 와야 한다.

단어 **tsunami** 쓰나미, 지진해일 **a danger zone** 위험지대 **pack** 싸다, 꾸리다 **prepare** 준비하다, 대비하다 **evacuate** 대피시키다, 떠나다, 피난하다 **water level** 수위 **shelter** 대피처, 피신처 **threat** 위협, 위험

해석 「A : 119입니다.
B : 쓰나미가 올 수 있다고 하던데 어떻게 해야 하죠?
A : 어디 계세요?
B : 풍동 1234번지요.
A : 그 곳은 쓰나미 위험지역입니다. 필요한 것만 간단히 챙겨서 대피 준비를 하세요.
B : 네, 그런데 어디로 대피하죠?
A : 고양중학교에 대피소가 있습니다.」

보기 ① 물이 계속 차오르면 높은 곳으로 대피하십시오.
② 위험한 장소를 피해서 안전한 길로 다니십시오.
③ 고양중학교에 대피소가 있습니다.
④ 일산 지역은 태풍의 영향 아래에 놓여 있습니다.

ANSWER 25.③

26 다음 대화의 빈칸에 들어갈 말로 가장 적절한 것은?

A : Is anybody there?
B : Yes, here.
A : I am a rescue worker from the Goyang Fire Department. Can you here me?
B : Yes.
A : ______________________________?
B : There are three people here, one person is unconscious.

① Can you tell me about your current situation there
② Do you have any friends or relatives you can stay with
③ What kind of fire escape equipment is installed in the building
④ Did you hear any explosions or other strange sounds

해설 현재 처한 상황을 설명하고 있다. 이는 ①번과 같은 질문에 적절한 대답이다.

단어 **unconscious** 의식을 잃은, 의식이 없는 **current** 현재의, 지금의 **situation** 상황, 처지, 환경 **relative** 친척 **stay with** ~의 집에서 머물다 **escape** 탈출, 도피 **equipment** 장비 **be installed in** 설치되어 있는 **explosions** 폭발

해석 「A : 누구 없습니까?
B : 여기요.
A : 고양소방서 구조대원입니다. 들리세요?
B : 네.
A : 그 곳의 현재 상황을 말씀해 주시겠어요?
B : 여기 세 사람이 있는데 한 명은 의식이 없어요.」

보기 ① 그 곳의 현재 상황을 말씀해 주시겠어요?
② 대피할만한 친구나 친척집이 있습니까?
③ 건물 내에 설치된 피난기구는 무엇이 있습니까?
④ 폭발음이나 이상한 소리가 들렸습니까?

ANSWER 26.①

27 다음 대화 중 어색한 것은?

① A : When did you hurt your leg?
B : About 20 minutes ago.

② A : Are you patient's legal guardian?
B : Yes, I'm his mother.

③ A : Did you call 119?
B : There is a fire.

④ A : When is your baby due?
B : Next week.

단어 **legal guardian** 법적 후견인

보기 ① A : 언제 다리를 다쳤나요?
B : 약 20분 전이요.
② A : 당신이 환자의 법적 보호자십니까?
B : 네, 제가 엄마예요.
③ A : 119에 신고하셨습니까?
B : 불이 났습니다.
④ A : 출산 예정일이 언제십니까?
B : 다음 주요.

28 다음 중 가장 어색한 대화는?

① A : Is anyone hurt inside?
B : No, No one is hurt.

② A : When did start?
B : It started two hour ago.

③ A : Do you have anyone to contact?
B : Yes, My girlfriend.

④ A: Do you have a passport?
B : It's my wallet.

단어 **wallet** 지갑

보기 ① A : 안에 다친 사람 있습니까?
B : 아니요, 아무도 다치지 않았습니다.
② A : 언제부터 시작됐습니까?
B : 두 시간 전에 시작했어요.
③ A : 연락할 사람이 있습니까?
B : 네, 제 여자친구요.
④ A : 여권 있으세요?
B : 제 지갑입니다.

ANSWER 27.③ 28.④

29 다음 중 가장 어색한 대화는?

① A : Take a deep breath and then blow air into his mouth. Do this twice.
B : Okay. I did it twice.

② A : Do you have a regular hospital that you usually go to?
B : Okay, put it on gently please.

③ A : Does she also have pain in her right arm?
B : Yes, she does.

④ A : Are baby's eyes turned up or to the side?
B : No.

해설 ② 평소에 다니던 병원이 있냐는 질문에 살살해 달라는 대답은 자연스럽지 않다.

단어 **blow** 불다 **twice** 두 번, 두 배로 **usually** 보통, 대개 **gently** 부드럽게, 약하게

보기 ① A : 숨을 깊게 들이 마시고 그의 입에 공기를 두 번 불어 넣어 주세요.
B : 네. 두 번 불어 넣었어요.
② A : 평소에 다니시던 병원이 있습니까?
B : 네, 살살해 주세요.
③ A : 오른쪽 팔에도 통증이 있다고 하나요?
B : 네, 그렇대요.
④ A : 아기의 눈이 돌아지는 않았나요?
B : 아니요.

30 다음 중 가장 어색한 대화는?

① A : Can you move?
B : No, I hurt my leg and can't move.

② A : We are going to open the crack and take you out of the car.
B : Okay.

③ A : Let me see your fire prevention plan?
B : Yes, I think it's open.

④ A : How did he fall down?
B : He grabbed his chest suddenly and fell down.

해설 ③ 소방계획서 좀 보자는 질문에 열려 있을 거라는 질문은 자연스럽지 않다. 'Yes, here it is.' 등의 대답이 와야 한다.

단어 **be going to** ~할 것이다 **crack** 금, 틈 **take out** 꺼내다, 끄집어내다 **fire prevention plan** 소방계획, 방재계획 **fall down** 쓰러지다, 떨어지다 **grab** 붙잡다, 움켜쥐다 **suddenly** 갑자기, 급작스럽게

ANSWER 29.② 30.③

보기 ① A : 움직일 수 있으세요?
B : 아니요, 다리를 다쳐서 움직일 수 없습니다.
② A : 틈새를 벌려서 선생님을 꺼낼 겁니다.
B : 네.
③ A : 소방계획서 좀 볼 수 있을까요?
B : 네, 열려 있을 겁니다.
④ A : 어떻게 쓰러지신 겁니까?
B : 갑자기 가슴을 붙잡더니 쓰러졌어요.

31 추락사고 신고에서만 할 수 있는 표현은?

① Where did the accident occur?

② How many meters high did you fall from?

③ Moving might worsen the injury.

④ Keep talking to them so they do not lost consciousness.

해설 ① 모든 종류의 사고 신고에서 사용할 수 있는 표현이다.
③④ 부상사고 등의 사고 신고에서 사용할 수 있는 표현이다.

단어 **occur** 일어나다, 발생하다 **fall from** ~로부터 떨어지다 **worsen** 악화되다, 악화시키다 **consciousness** 의식, 자각

보기 ① 사고가 난 장소는 어디입니까?
② 몇 미터에서 추락했습니까?
③ 움직이면 상태가 악화될 수 있습니다.
④ 의식을 잃지 않도록 말을 걸어 주십시오.

ANSWER 31.②

32 다음 중 약물복용 신고접수에서 필요한 질문으로 가장 적절하지 않은 것은?

① What kind of drugs did he take?

② Do you know how much she take?

③ Do you know how long it has been since he first took the pills?

④ Can you lift your right leg up to your stomach?

해설 ④번은 급성 충수염 의심 환자에게 할 수 있는 질문이다.

단어 **what kind of** 어떤(종류의) **drug** 약물, 마약 **how much** 얼마만큼, 어느 정도 **since** ~부터, ~한 이후로 **pill** 알약, 정제 **lift** 들어올리다 **up to** ~까지

보기 ① 무슨 약을 먹었습니까?
② 얼마나 먹었는지 아십니까?
③ 약을 먹은 지 얼마나 되었는지 아십니까?
④ 오른쪽 다리를 복부까지 올리실 수 있겠습니까?

33 다음 밑줄 친 ㉠에 들어갈 표현으로 가장 알맞은 것은?

> A : There must be a medicine bottle near the patient.
> ㉠ ______________________.
> B : Yes, I found it. It looks like sleeping pills.

① Have a go at it
② Please join us
③ Try to find it
④ Tell us about it

해설 환자 주변에 약병이 있으니, 찾아보라고 하는 표현이 적절하다.

단어 **medicine bottle** 약병 **patient** 환자 **sleeping pill** 수면제

해석 「A : 환자분 근처에 약병이 있을 겁니다. 한번 찾아봐 주세요.
B : 네, 찾았어요. 수면제처럼 보이는데요.」

보기 ① 어서 해봐.
② 저희와 함께 하시죠.
③ 한번 찾아보십시오.
④ 그것에 대해 말씀해 주세요.

ANSWER 32.④ 33.③

34 다음 대답이 나올 수 있는 질문으로 적절한 것은?

> It lasted for about a half hour.

① How long did the pain last?

② What's your emergency?

③ Where is the location of fire?

④ Can you see the flames?

해석 '30분 정도 계속됐습니다.'라고 대답한 것으로 보아 시간과 관련된 질문이 오는 것이 적절하다.

보기 ① 통증이 얼마나 지속됐습니까?
② 무엇을 도와드릴까요?
③ 불이 난 곳이 어디입니까?
④ 불꽃이 보이시나요?

35 다음 빈칸에 들어갈 말로 가장 알맞은 것은?

> doctor : ____________________
>
> patient : My nose hurts the most.

① What seems to be the trouble?

② Does it hurt very much?

③ Where dose it hurt the most?

④ Where do you have pain?

해석 「의사 : 어디가 가장 아프십니까?
환자 : 코가 가장 아파요.」

보기 ① 어디가 안 좋으십니까?
② 많이 아프십니까?
③ 어디가 가장 아프십니까?
④ 어디가 아프세요?

ANSWER 34.① 35.③

PART 06

빈출 소방영어 미니사전

06 빈출 소방영어 미니사전

- 119 rescue service 119구조대
- 119 safety center 119안전센터
- a company president 회사의 회장
- a few 어느 정도, 조금
- a fire watchman/fire-watcher 화재감시인
- a little 조금, 약간
- a lot of 많은
- a loud noise 큰 소음
- a stabbing pain 찌르는 듯한 아픔
- a strong-wind warning 강풍주의보
- abdomen 복부
- about 대략, 거의
- absorption cut 흡인성 창상
- accident in the mountain 산악사고
- accident injury 사고부상
- ache 아프다
- acute appendicitis 급성 충수염
- acute pancreatitis 급성 장염
- address 주소
- administer 관리하다, 투여하다, 가하다
- aerial ladder 고가 사다리
- aerial ladder truck 사다리차
- agitation 흥분
- air bag 에어백
- air cushion rescue mattress 공기식 구조매트
- air pollution 대기오염
- air saw/pneumatic saw 공기톱
- air splint 공기부목
- airway 기도
- airway blockage/respiratory obstruction 기도폐쇄

- already 이미, 벌써
- alternative 대안
- ambulance 구급차
- anaphylactic reaction/allergy passage 과민반응
- angina pectoris/stenocardia 협심증
- ankle 발목
- answer the phone 전화를 받다
- anyone 누구, 아무
- anyone here? 여기 누구 있나요?, 아무도 없어요?
- anything 무엇, 아무것
- apartment manager 아파트 관리인
- apply 신청하다, 적용하다, 누르다
- arm 팔
- around 주위에, 근처에
- arrive 도착하다
- arson 방화
- ascender 등강기
- aspect 양상, 국면
- a fire marshal 소방정감
- at all 전혀
- at most 많아 봐야, 기껏해야
- at this point 이때에, 현 시점에서
- atropine 아트로핀(경련 완화제)
- automatic alarm system 자동화재 경보설비
- automatic fire detector 자동화재 탐지기
- avalanche 눈사태
- avoid 방지하다, 피하다
- away from ~에서 떠나다
- badly 심한, 나쁜, 서투른
- bandage(regular, compress, burn) 붕대(일반용, 압박용, 화상용)
- basement 지하층
- basement floor 지하층
- bathroom 욕실

- battalion chief/fire captain 소방경
- battering ram 파괴용 금속 망치
- be able to ~할 수 있다
- be accompanied by ~을 동반하다
- be located 위치해 있다
- be swept away 휩쓸리다.
- be trapped in ~에 빠지다, ~에 갇히다
- belong to somebody ~ 소유이다, ~에 속하다
- between 사이에, 중간에
- blanket 담요
- bleed 피를 흘리다, 출혈하다
- blood circulation 혈액순환
- blood pressure 혈압
- blow 불다, 바람에 날리다
- blueprint 건물도면
- boil 끓다
- branch 나뭇가지
- branch fire substation 소방파출소
- break down 고장나다
- breaker 차단기
- breaker/rock drill 착암기
- breathe 호흡하다, 숨을 쉬다
- breathe deeply 심호흡하다
- broken 깨진, 부러진
- building structure 건물구조
- buried 매몰되다
- cable cutter/wire cutter 케이블절단기
- call back 다시 전화를 하다
- calm down 진정하다
- captain/fire sergeant 소방장
- car accident 자동차 사고
- car rental company 자동차 대여 회사
- cardiopulmonary resuscitation(cpr) 심폐소생술

- carefully 주의하여, 신중히
- casualties 인명피해
- cause of fire 화재원인
- certain 확실한, 틀림없는
- chain saw 체인톱
- chemical 화학의
- chest 가슴, 흉부
- chest thrust 흉부압박
- a fire commissioner 소방총감
- chilly 쌀쌀한, 추운
- closest 가장 가까운
- coast 해변, 해안지방
- cold wave 한파
- cold wave watch 한파주의보
- collapse 붕괴되다, 무너지다
- collide 충돌하다, 부딪치다
- come out 나오다
- come over here 이리 와, 이쪽으로 오세요
- complete 완벽한, 완료된
- completely burned down 전소
- completion of rescue 구조완료
- complex rib fracture 다발성 늑골 골절
- compress 압축하다, 꾹 누르다
- compressed air breathing apparatus/air respiratory machine 공기호흡기
- conscious 의식이 있는
- consciousness 의식
- construction 건설, 공사
- continue 계속하다
- continuously 계속해서, 연속적으로
- conversation 대화
- convenient 편리한
- convulsion/spasm 경련
- cooperation 협력, 협조

- core drill 코어드릴
- corporation (큰 규모의) 기업
- corpse bag/body bag 사체낭
- cough 기침하다
- cover 씌우다, 덮다
- current 흐름, 해류, 기류
- cushion 쿠션, 방석
- dangerous area 위험지역
- deep 깊은
- defibrillator/cardioverter 심실제세동기
- demanding 부담이 큰
- department store 백화점
- depth 깊이
- deputy assistant chief/deputy fire marshal 소방준감
- deputy chief 소방감
- descender 하강기
- diarrhea 설사
- dinner 정식, 저녁식사
- direct 안내하다, 알려주다
- direction 지시, 명령, 방향
- disposable(auto) resuscitator 수동식(자동식) 인공호흡기
- distance 거리
- diving 잠수
- dizzy 어지러운, 아찔한
- document 서류, 문서
- dormitory 기숙사
- downtown 시내에
- drought 가뭄
- drug 약물, 마약
- due to ~때문에, ~인하여
- during ~동안, ~중에
- early stage suppression/initial extinguishment 초기진화
- earthquake 지진

- earthquake center/epicenter 진앙
- earthquake intensity 진도
- electric shock 감전
- electrical breaker 전기차단기
- electrocardiogram monitor 심전도 모니터
- elevator accident 엘리베이터 사고
- eliminate 없애다, 제거하다
- emergency 비상사태, 긴급, 위급
- emergency exit/fire escape 비상구
- emergency light 비상조명
- escaped 탈출한
- evacuate 대피시키다, 떠나다, 피난하다
- exact 정확한, 정밀한
- exhausted 기진맥진한
- explosion 폭발, 폭파
- explosive fire 폭발화재
- explosive material 폭발물
- eye examination light/pen light 검안라이트
- eye of typhoon 태풍의 눈
- factory 공장
- fall down 쓰러지다, 떨어지다
- fall into ~에 빠지다
- fall into a river 강에 빠지다
- falling accident 추락사고
- fever 열, 열병
- find 찾다
- fire 불, 화재
- fire administration section 소방행정과
- fire department 소방서
- fire drill 화재 대피 훈련
- fire engine/fire truck 소방차
- fire extinguisher 소화기, 소화전
- fire extinguishing equipment 소화장치

- fire fighter 소방사
- fire inspection 소방검사
- fire inspection 소방시설점검
- fire prevention plan 소방계획
- fire prevention week 화재 예방 주간
- fire recruit 소방사시보
- fire rescue section 구조과
- fire station 소방서
- fire suppression section 방호과
- fire-proof uniform 방화복
- first of all 우선
- first(second, third) degree burn 1도(2도, 3도) 화상
- flame 불길, 불꽃
- flammable 가연성의
- flashing point 인화점
- flatland 평지
- flood 홍수
- floor space 바닥 면적, 건평
- follow 따르다, 따라가다
- forest fire(=a fire on the mountain) 산불
- forget 잊다, 잊어버리다
- fracture splint 골절부목
- frostbite 동상
- functional 기능상의, 기능적인
- furniture 가구
- gale warning 강풍경보
- gas poisoning 가스중독
- gas station(=filling station) 주유소
- gas valve 가스밸브
- gauze 거즈
- genital trouble 생식기 장애
- get burned 화상을 입다
- get into ~에 들어가다, ~에 도착하다

• goggles	보호안경
• grab	붙잡다, 움켜쥐다
• guardian	보호자, 후견인
• guide	안내
• gust/gale	돌풍
• hammer drill	해머드릴
• hazard	위험
• head harness	머리고정대
• head injury/head trauma	두부손상
• headache	두통
• heartbeat	심장박동, 심박
• heat wave	폭염
• heat wave warnings	폭염주의보
• heavy rain warning	호우경보
• heavy rain watch/heavy rain advisory	호우주의보
• heavy rain/torrential rain	폭우
• heavy snow	폭설
• heel of the hand	손꿈치
• hematuria	혈뇨
• hesitative	주저하는, 망설이는
• high risk	고위험
• high tide	만조
• high-rise building/skyscraper	고층건물
• hiking	하이킹, 도보여행
• hospital	병원
• how far ~?	(거리가)얼마나 멉니까
• huge	막대한, 거대한
• hurry	서두르다, 급히 하다
• hurt	다치게 하다, 아프다
• hydraulic (arm) spreader	유압전개기
• hydraulic (engine) pump	유압(엔진)펌프
• hydraulic cutter	유압절단기
• hydraulic door opener	유압도어오프너

- hypersensitive shock/anaphylactic shock — 과민성 쇼크
- identity(id) card — 신분증
- ignition point — 발화점
- I'll be right back — 금방 올게요
- immediately — 즉시, 즉각
- immune — 면역성이 있는
- in that case — 그렇다면, 그런 경우에는
- individual rope — 개인로프
- indoor — 실내의
- industry — 산업, 제조업
- infant — 유아, 아기
- infirmary — 병원, 양호실
- injure — 부상을 입다, 해치다
- injured person/a wounded — 부상자
- insertion — 삽입
- inside — ~의 안에
- instruction — 설명, 지시
- intersection — 교차로, 교차지점
- intubation — 삽관
- irregular pulse/arrhythmia — 경부정맥
- just a second(=just a minute) — 잠깐만 기다리다
- keep ~ing — 계속해서 ~하다
- keep calm — 평정을 유지하다
- KOSAR(korea search and rescue team) — 한국국제구조대
- ladder — 사다리
- landslide — 산사태
- laryngoscope — 후두경
- last night — 어젯밤
- later — 나중에, 후에
- leave — 떠나다, 출발하다
- leg — 다리
- lever — 지렛대
- lie straight on one's back — 반듯하게 눕다

- life rescue 인명구조
- localized torrential downpours 집중호우
- located ~에 위치한
- location 장소, 위치
- lock 잠그다
- look like ~인 것처럼 보이다
- loosen the rope 로프를 늦추어라
- lost 잃어버리다, 분실하다
- machine accident 기계사고
- main rescuer 요구조자
- make a noise 소리를 내다, 소란을 피우다
- management office 관리사무소
- manager 운영자, 관리자
- manhole 맨홀
- mask 마스크
- maybe 어쩌면, 아마
- meal 식사
- medication 약, 약물
- medicine bottle 약병
- metabolic shock 대사성 쇼크
- monitor 관찰하다, 감시하다
- most 최대의, 가장 많음
- mountain rescue company 산악구조대
- mouth to mouth resuscitation 구강대구강 인공호흡
- multiple axe/all-purpose axe 만능도구
- muscle 근육
- nasal airway supporter 비강기도유지기
- national disaster management institute 국립방재 교육연구원
- national fire service academy 중앙소방학교
- national institute for disaster prevention 국립방재연구원
- national rescue 119 service 중앙 119구조단
- nauseous 매스꺼운, 욕지기나는
- near 가까운

- neck harness 목고정대
- next to 바로 옆에
- nipple 젖꼭지
- not yet 아직 ~않다
- object 물체, 물건
- occur 일어나다, 발생하다
- on one's own 혼자서, 단독으로
- on one's way ~하는 중에
- open 개방하라
- open(closed) fracture 개방성(폐쇄성) 골절
- operation 작전, 운용
- optimistic 낙관적인
- oral airway supporter 구강기도유지기
- overdose 과다복용
- owner 주인, 소유주
- oxygen breathing apparatus/oxygen respiratory breather 산소호흡기
- oxygen supply 산소공급
- pain 아픔, 고통
- panic 공황
- paramedic 긴급의료원, 구급대
- parking lot 주차장
- partially burned down 반소
- passport 여권
- patient 환자
- pay attention 주의하라
- pay attention to ~에 유의하다, ~에 주목하다
- pelvis fracture 골반골절
- penetrating wound 관통상
- perfection extinguishment 완전진화
- perform 수행하다, 실시하다, 공연하다
- pill 알약
- pinch 꼬집다, 꼭 집다, 죄다
- pneumothorax/collapsed lung 기흉
- police department 경찰서

• portable generator	이동식발전기
• possessive	소유욕이 강한
• possibility	가능성, 가능함
• pour	붓다, 마구 쏟아지다
• povidone-iodine	포비돈 요오드(살균용)
• pregnant woman	임산부
• prepared	준비가 된
• presser	프레스기, 압착기
• pressure	압박, 압력
• prevention section	예방과
• procedure	절차, 수순
• properly	제대로, 적절히
• property	재산, 소유물
• protect	보호하다, 지키다
• pulse	맥박
• push down	누르다, 밀어내리다
• putting out the fire	진화작업
• question	의문, 질문
• quickly	빨리
• rainfall/precipitation	강우량
• rainy season/monsoon	장마
• region	지방, 지역
• regular	규칙적인, 정기적인
• related	관련된
• remain	계속 ~있다. 남다
• remove	제거하다
• rented	빌린, 세낸
• rescue	구하다, 구조하다
• rescue alarm	인명구조경보기
• rescue method	구조방법
• rescue operation	구조작업
• rescue suit	구조복
• rescue team	구조대

• rescue worker	구조대원
• rescuing	구조작업 중
• respiration	호흡
• restaurant	식당, 레스토랑
• resuscitation	소생(법)
• rib	갈비, 늑골
• right away	즉시, 곧바로
• right now	지금 곧
• rise	오르다, 올라가다
• road	도로, 거리
• rope	밧줄, 로프
• safety belt	안전벨트
• saline solution	생리식염수
• scissors	가위
• search light	탐색등
• second lieutenant/assistant fire chief	소방령
• secure	고정시키다, 단단히 보안 장치를 하다
• seek	찾다, 구하다
• seismic center/hypocenter	진원
• senior captain/fire lieutenant	소방위
• senior fire fighter	소방교
• separable stretcher/detachable stretcher	분리형 들것
• serious	심각한
• set in	시작하다, 밀려오다
• shelter	대피처
• shock prevention pants/anti-shock	쇼크방지용 하의
• shortly	얼마 안 돼, 곧
• sign	징후, 표시, 표지판
• siren	사이렌
• site	위치, 현장
• skull fracture	두개골 골절
• sleeping pill	수면제
• smoke	연기

- smoke flashlight/fluoroscopic smoke lantern 연기투시기
- smoke ventilation 배연
- snowfall 강설량
- somewhere 어딘가
- spasm 발작
- special rescue company 특별구조대
- sphygmomanometer 혈압계
- spine supporter/spine board 척추고정판
- splint 부목
- spontaneous ignition 자연발화
- sprain 삐다, 접지르다
- spread 퍼지다, 확산되다
- sprinkler 스프링클러, 살수장치
- start water proofing 방수시작
- stay calm 차분함, 침착함을 유지하다
- step 발걸음, 보폭
- stiffen 뻣뻣해지다, 경직되다
- stinging 찌르는, 쏘는
- stomach 위, 복부, 배
- stomachache 위통, 복통
- stop water proofing 방수중지
- story 층
- stove 스토브, 난로
- straight 똑바로, 곧장
- straight stream 직사주수
- strength 힘, 기운
- stretch 늘이다, 펴다
- stretcher 들것
- stuck 움직일 수 없는, 갇힌
- stupor 혼미
- suction 흡인
- sudden 갑작스러운
- suddenly 갑자기, 급작스럽게

• sure	확신하는, 확실히 아는
• surface trauma/epidermal external wound	표피외상
• take away from	~으로부터 벗어나다
• take out	꺼내다, 데리고 나가다
• take shelter	대피하라
• take time	시간이 걸리다
• tall building	큰 건물, 고층건물
• terrible	끔직한, 심한
• that's good	좋아, 잘했어
• the dead	사망자
• the middle of the mountain	산 중턱
• thermal image camera	열화상 카메라
• thermometer	체온계
• thirsty	목이 마른, 갈증이 나는
• through	~을 통해
• throw	던지다, 내던지다
• thunderbolt	낙뢰
• tidal wave	해일
• tilt	기울다, 젖혀지다
• tolerate	용인하다, 참다
• torrential rainfall	집중호우
• tourniquet	지혈대
• tow	견인하다
• tow truck/breakdown truck	견인차
• tracheostomy	기관절개
• traffic conditions	교통상황
• transfer	옮기다, 이동하다
• treatment	치료, 처치
• trolley	카트, 전차
• try	노력하다, 시도하다
• tsunami	지진해일
• turn off	끄다, 벗어나다, 잠그다
• turn up	올려라

- twisted 뒤틀린, 일그러진
- typhoon 태풍
- typhoon warning 태풍경보
- typhoon watch/typhoon advisory 태풍주의보
- unless ~하지 않는 한
- unnecessarily 불필요하게, 쓸데없이
- until ~때까지
- up ahead 앞쪽에
- update 갱신하다, 가장 최근의 정보를 알려주다
- usually 보통, 대개
- vent 환기구
- vital sign 활력징후
- volatile material 휘발성 물질
- volcanic ash 화산재
- volunteer fire substation 의용소방대
- wallet 지갑
- warm 따뜻한
- warning 경고, 주의
- waste 낭비하다
- water accident 수난사고
- water rescue company 수난구조대
- weather conditions 기상조건
- what kind of 어떤(종류의)
- when is your baby due 출산 예정일이 언제입니까
- winch 권양기
- wooden 목조
- wooden building 목조건물
- worker 노동자
- wound 부상, 상처
- yell 고함치다, 소리를 지르다
- yellow dust/asian dust 황사

PART

최근 기출문제분석

2021. 4. 3. 소방공무원 경력경쟁 채용

2021. 4. 3. 소방공무원 경력경쟁 채용

1 빈칸에 들어갈 말로 가장 적절한 것은?

> To get downtown there are several ___________. You can take the subway, the trolley, or a bus.

① aspects
② alternatives
③ distances
④ properties

단어 **trolley** 카트, 전차

해석 「시내에 가려면 몇 가지 대안이 있다. 당신은 지하철, 전차, 또는 버스를 탈 수 있다.」

보기 ① 측면, 양상
② 대안, 선택 가능한 것
③ 거리
④ 성질, 특징

2 빈칸에 들어갈 말로 가장 적절한 것은?

> Employees often get more work done if someone appreciates them. For example, workers are often more ___________ when their bosses say "thank you."

① suggestive
② possessive
③ productive
④ hesitative

단어 **appreciate** 진가를 알아보다, 인정하다

해석 「직원들은 누군가 자신을 인정하면 종종 더 많은 일을 한다. 예를 들어, 근로자들은 그들의 상사가 "감사합니다."라고 말할 때 종종 더 생산적이게 된다.」

보기 ① 시사하는, 암시하는
② 소유욕이 강한
③ 생산적인
④ 주저하는, 망설이는

ANSWER 1.② 2.③

3 **빈칸에 들어갈 말로 가장 적절한 것은?**

Well, to start with I think I'm quite an optimistic person, because I don't get upset when things go badly for me. I always try to stay positive and look on the bright side. ___________, last week I failed my driving test, but I didn't mind because I knew why I failed and learned from my mistakes. I'm going to retake my test next month and I'm confident I'll pass.

① For instance
② In addition
③ Besides
④ Yet

단어 **to start with** 우선, 첫째로 **optimistic** 낙관적인 **retake (a test)** 재시험을 치다 **confident** 자신감 있는

해석 「글쎄요, 우선 저는 상당히 낙관적인 사람이라고 생각합니다. 왜냐하면 저는 일이 제게 안 좋게 돌아갈 때도 화가 나지 않기 때문입니다. 저는 항상 긍정적이고, 밝은 면을 보려고 노력합니다. 예를 들어, 지난주에 저는 운전면허 시험에서 떨어졌지만, 실수를 통해 배웠고, 왜 떨어졌는지 알았기 때문에 개의치 않았습니다. 다음 달에 재시험을 치르는데 합격할 자신이 있습니다.」

보기 ① 예를 들어
② 게다가
③ 그밖에, 뿐만 아니라
④ 그렇지만

ANSWER 3.①

4 **빈칸에 들어갈 말로 가장 적절한 것은?**

> A : So, ____________________?
> B : It's small, but it's very convenient.
> A : That's good. Where is it?
> B : It's downtown, on Pine Street.
> A : How many rooms are there?
> B : It has one bedroom, a living room, a kitchen, and a small bathroom.

① where is your apartment
② how far is your apartment from here
③ what else do you need for your move
④ what's your new apartment like

해설 B의 답변 (작지만 편리하고 침실, 거실, 부엌 · 화장실이 있다)과 A의 질문 (어디에 있는가?, 방은 몇 개인가)를 통해 빈칸을 유추할 수 있다.

단어 **convenient** 편리한

해석 「A : 그래, 새 아파트는 어떤가요?
B : 작지만, 아주 편리해요.
A : 잘됐네요. 어디에 있지요?
B : Pine Street에 있는 시내에 있어요.
A : 방이 몇 개예요?
B : 침실 하나, 거실, 부엌, 그리고 작은 화장실이 있어요.」

보기 ① 아파트는 어디에 있나요?
② 당신의 아파트는 여기서 얼마나 먼가요?
③ 이사를 위해 또 무엇이 필요한가요?
④ 새 아파트는 어떤가요?

ANSWER 4.④

5 다음 글의 요지로 가장 적절한 것은?

> Their expanding business became a large corporation in 1996, with three generations of Parks working together. Helene is the expert on cooking. Helene's husband Danny Park is good at making decisions. Their daughter Hannah is good with computers. Hannah's husband Danny Vu is good at thinking of new ideas and doing research. Hannah's sister Elizabeth is the family designer. She designs the insides of the restaurants. Their sister Mina is good at managing. Elizabeth says, "If you're going to work as a family, you have to know what you're good at. We work well together because we have different strengths."

① Only family businesses are successful.
② Family members have different strengths that help thebusiness.
③ Family businesses can have problems.
④ Family members have almost similar strengths.

단어 **corporation** (큰 규모의) 기업

해석 「그들의 확장 사업은 1996년에 3대의 Parks가 함께 일하는 대기업이 되었다. Helene은 요리 전문가이다. Helene의 남편 Danny Park은 결정을 잘한다. 그들의 딸 Hannah는 컴퓨터를 잘한다. Hannah의 남편 Danny Vu는 새로운 아이디어를 생각하고 연구를 하는 것을 잘한다. Hannah의 여동생 Elizabeth는 가족 디자이너이다. 그녀는 식당 내부를 디자인한다. 그들의 여동생 Mina는 관리를 잘한다. Elizabeth는 "가족으로 일하려면, 자신이 무엇을 잘하는지 알아야 합니다. 우리는 서로 다른 강점을 가졌기 때문에 잘 협력합니다."라고 말한다.」

보기 ① 오직 가족 사업만이 성공한다.
② 가족 구성원은 사업에 도움이 되는 다른 강점이 있다.
③ 가족 사업에는 문제가 있을 수 있다.
④ 가족 구성원은 거의 비슷한 강점이 있다.

ANSWER 5.②

6 빈칸에 들어갈 말로 가장 적절한 것은?

> W : You look tired. Are you okay?
> M : I'm not tired. I have a cold and I'm suffering from an allergy, too. I have no idea what to do.
> W : That's terrible. Did you go see a doctor?
> M : ______________________.

① I happen to have the same allergy
② Drink hot herbal tea and take a rest
③ Yes, I did. But the medication doesn't help much
④ Excuse me, but I'd like to change my appointment

해설 W의 마지막 질문에 대한 답변으로는 병원에 갔는지, 안 갔는지에 대한 내용이 절절하다.

단어 **suffer from** ~로 고통받다

해석 「W : 피곤해 보이네요. 괜찮으세요?
M : 난 피곤하지 않아요. 감기에 걸렸고 알레르기로 고통받고 있어요. 어떻게 해야 할지 모르겠어요.
W : 정말 안됐군요. 의사한테 가봤어요?
M : 네, 그랬어요. 하지만 그 약은 별로 도움이 되지 않았어요.」

보기 ① 저도 같은 알레르기가 있어요.
② 따뜻한 허브차를 마시고 휴식을 취하세요.
③ 네, 그랬어요. 하지만 그 약은 별로 도움이 되지 않았어요.
④ 미안하지만, 약속을 변경하고 싶어요.

7 빈칸에 공통으로 들어갈 말로 가장 적절한 것은?

> (A) Fear ____ in when the people realized the door was locked from the outside.
> (B) Try ____ to aside some time each day for exercise.

① set ② stand
③ fly ④ run

단어 **set in** 시작하다, 밀려오다 **set something aside** (특정한 목적에 쓰기 위해 돈 · 시간을) 따로 떼어 두다

해석 「(A) 사람들이 문이 밖에서 잠겼다는 것을 알았을 때 두려움이 밀려왔다.
(B) 운동을 위해 매일 시간을 좀 내도록 하세요.」

ANSWER 6.③ 7.①

8 **빈칸에 들어갈 말로 가장 적절한 것은?**

> War is a __________ between two or more regions or countries involving weapons such as guns and bombs.

① conscience　　② confidence
③ conflict　　④ contribution

단어 **region** 지방, 지역 **involve** 수반[포함]하다 **weapon** 무기

해석 「전쟁은 총이나 폭탄과 같은 무기를 포함하는 두 개 이상의 지역 또는 국가 사이의 갈등이다.」

보기 ① 양심, 가책
② 신뢰, 자신감
③ 갈등, 물리적 충돌
④ 기부금, 기여

9 **빈칸에 들어갈 말로 가장 적절한 것은?**

> Clothing fires are a real hazard. Long, flowing sleeves have no place in a kitchen — they are too easily caught on pan handles, are easily __________ by range burners, and are generally in the way.

① broken　　② extinguished
③ ignored　　④ ignited

단어 **hazard** 위험 **sleeve** 소매 **in the way** 방해가 되다

해석 「의류 화재는 정말 위험하다. 길게 늘어진 소매는 부엌 어디에서도 입어서는 안된다. – 그것은 팬 손잡이에 너무 쉽게 끼이고, 레인지 버너에 의해 쉽게 점화되며, 일반적으로 방해가 된다.」

보기 ① 깨지다
② (불을) 끄다, 끝내다
③ 무시되다
④ 점화되다

ANSWER 8.③ 9.④

10 빈칸에 들어갈 말로 가장 적절한 것은?

A : I've got a temperature and my stomach hurts.
B : How long have you been feeling this way?
A: It started the day before yesterday.
B: You seem to have picked up a kind of ________.

① affair ② effect
③ infection ④ inspection

단어 **temperature** 체온, 고열 **stomach** 위, 복부 **the day before yesterday** 그저께

해석 「A : 열이 나고 배가 아파요.
B : 얼마나 오랫동안 이렇게 느끼셨어요?
A : 그저께부터 시작했어요.
B : 일종의 감염병에 걸린 것 같네요.」

보기 ① 일, 사건
② 영향, 효과
③ 감염, 전염병
④ 사찰, 점검

11 빈칸에 들어갈 말로 가장 적절한 것은?

A : Hey, have you heard of the new parking rules?
B : No, I haven't heard of any changes. What's up?
A : There are new rules about how close you can park to a fire hydrant.
B : Sounds like something I need to know.
A : Yes, anyone parking within five meters of a fire hydrant will be fined.
B : That could make parking difficult, but I know in the long run this ____________ for everyone.

① costs a lot ② sounds so noisy
③ makes it dangerous ④ will be beneficial

ANSWER 10.③ 11.④

해설 소화전과 거리를 두고 주차를 해야 하는 규정이 주차를 불편하게 할 것이라는 주장에 'but'으로 연결되어 뒤의 내용이 이어지고 있다. 따라서 빈칸에는 해당 규정이 장기적으로 긍정적인 영향을 미친다는 내용이 오는 것이 적절하다.

단어 **fire hydrant** 소화전 **be fined** 벌금에 처해지다 **in the long run** 결국에는, 장기적으로는

해석 「A : 저기, 새로운 주차 규정 들어봤어요?
B : 아니요, 어떤 변경도 들어본 적이 없어요. 뭔가요?
A : 소화전에 얼마나 가까이 주차할 수 있는지에 대한 새로운 규정이 있어요.
B : 제가 알아야 할 것 같은데요.
A : 네, 소화전에서 5미터 이내에 주차하는 사람은 벌금을 물어야 해요.
B : 그렇게 하면 주차하기가 어려울 수도 있지만, 장기적으로 보면 모두에게 이익이 될 것이라는 건 알아요.」

보기 ① 비용이 많이 든다
② 소리가 시끄럽다
③ 위험하게 만든다
④ 이익이 될 것이다

12 소방관의 식단에 관한 다음 글의 내용과 일치하지 않는 것은?

Firefighting is a demanding job that will need 6,000 calories daily. Firefighters who don't eat sufficient calories will get exhausted and eliminate body fat and muscle. Consuming a lot of calories within the months and weeks of a busy fire season may harm immune function and result in illness. This really isn't the opportunity to drop weight. Firefighters should test their weight every two weeks to track their energy balance. The very best time to consider is at the morning prior to breakfast.

① 불을 끄는 일에는 하루에 6,000칼로리가 필요하다.
② 소방관이 칼로리를 충분히 섭취하지 않으면 근육을 잃는다.
③ 칼로리를 많이 소모하면 면역 기능을 손상시킬 수 있다.
④ 소방관이 몸무게를 확인하기 좋은 시간은 잠자기 전이다.

단어 **demanding** 부담이 큰, 힘든 **sufficient** 충분한 **exhausted** 기진맥진한 **eliminate** 없애다, 제거하다 **consume** 소모하다 **immune function** 면역 기능 **prior** 이전의, 앞의

해석 「소방활동은 하루에 6,000칼로리가 필요한 힘든 직업이다. 충분한 칼로리를 섭취하지 않는 소방관들은 지칠 것이고 체지방과 근육을 잃는다. 바쁜 화재 철의 몇 달과 몇 주 안에 많은 칼로리를 소비하는 것은 면역 기능을 해치고 질병을 일으킬 수 있다. 이것은 정말로 살을 뺄 기회가 아니다. 소방관들은 에너지 균형을 추적하기 위해 2주에 한 번씩 체중을 재야 한다. 고려해야 할 가장 좋은 시간은 아침 식사 전이다.」

ANSWER 12.④

13 다음 글의 제목으로 가장 적절한 것은?

Only 10 to 15 percent of wildfires occur on their own in nature. The other 85 to 90 percent result from human causes, including unattended camp and debris fires, discarded cigarettes, and arson. Naturally occurring wildfires can spark during dry weather and droughts. In these conditions, normally green vegetation can convert into bone-dry, flammable fuel; strong winds spread fire quickly; and warm temperatures encourage combustion. With these ingredients, the only thing missing is a spark — in the form of lightning, arson, a downed power line, or a burning campfire or cigarette — to wreak havoc.

① How Wildfires Start
② Benefits of Wildfires
③ What to Do in a Wildfire
④ How Wildfires Are Stopped

단어 **unattended** 주인이 옆에 없는, 지켜보는 사람이 없는 **debris** 잔해 **discard** 버리다 **arson** 방화 **convert into** ~으로 바꾸다[전환하다] **bone-dry** 바싹 마른 **flammable** 가연[인화]성의 **combustion** 연소 **ingredient** 재료, 구성 요소 **havoc** 대혼란

해석 「불과 산불의 10에서 15 퍼센트만이 자연적으로 발생한다. 나머지 85에서 90 퍼센트는 지켜보는 사람이 없는 캠프와 잔해 화재, 버려진 담배, 방화를 포함한 인간의 원인에서 기인한다. 자연적으로 발생하는 산불은 건조한 날씨와 가뭄 동안 발생할 수 있다. 이러한 조건에서는 일반적으로 녹색 초목이 바싹 마른, 인화성 연료로 전환될 수 있으며; 강한 바람이 빠르게 불을 확산시키며; 따뜻한 온도는 연소를 촉진한다. 이 재료들에서, 대혼란을 일으키기 위해 유일하게 빠진 것은 – 번개, 방화, 다운된 전력선, 또는 타오르는 캠프파이어나 담배의 형태를 한 – 불꽃이다.」

보기 ① 산불은 어떻게 시작되는가
② 산불의 혜택
③ 산불이 났을 때 해야 할 일
④ 산불을 저지하는 방법

ANSWER 13.①

14 빈칸에 들어갈 말로 가장 적절한 것은?

A : Hey Anna, what's up?

B : Well, it's my birthday on Sunday, and I'm having a party. Can you come?

A : Sure! I'd love to.

B : Great. I live in the Evergreen Apartment.

A : ______________________________?

B : From the park just go up First Avenue. Take a left on Pine Street.

① Can you give me directions

② What's your apartment number

③ Is there a park nearby

④ When was Evergreen Apartment built

해설 빈칸에서 이어지는 B의 답변이 길을 설명하고 있으므로 빈칸에는 길을 묻는 내용을 골라야 한다.

해석 「A : Anna, 무슨 일이에요?

B : 음, 일요일은 제 생일이고, 파티를 열 거예요. 오실 수 있나요?

A : 물론이죠! 그러고 싶어요.

B : 좋아요. 저는 Evergreen 아파트에 삽니다.

A : 길을 좀 가르쳐 주시겠어요?

B : 공원에서 1번가로 올라가면 돼요. Pine Street에서 왼쪽으로 가세요.」

보기 ① 길을 좀 가르쳐 주시겠어요?

② 아파트 몇 호인가요?

③ 근처에 공원이 있나요?

④ Evergreen 아파트는 언제 지어졌나요?

ANSWER 14.①

15 빈칸에 들어갈 말로 가장 적절한 것은?

> Almost every successful online membership company offers free trials. By offering a free trial to consumers, you're giving customers ______________ over that product or service, which develops an emotional attachment. When the trial period ends, consumers have to choose between losing the product or paying for continuing the service. Customers new to VOD can take out a 30-day free trial to see if the service works for them, which you'd think is a big loss-maker for the company — but it's quite the opposite.

① the loss of health
② the choice of candidates
③ the feeling of ownership
④ the permanent residence

단어 **trial** (특히 최종 결정을 내리기 전의) 시험 **attachment** 애착

해석 「거의 모든 성공적인 온라인 회원 회사는 무료 체험판을 제공한다. 소비자들에게 무료 체험판을 제공함으로써, 고객에게 제품이나 서비스에 대한 소유의 느낌을 주고, 이는 정서적인 애착을 갖게 한다. 체험판 사용 기간이 종료되면 소비자들은 제품을 잃거나 서비스를 지속하는 데 드는 비용 지불 중 하나를 선택해야 한다. VOD를 처음 접한 고객은 30일 무료 체험판을 통해 서비스가 제대로 작동하는지 확인할 수 있다, 이는 회사에 큰 손실 요인처럼 생각된다 - 하지만 이는 정반대이다.」

보기 ① 건강의 상실
② 후보자의 선택
③ 소유의 느낌
④ 영주(永住)

ANSWER 15.③

16 다음 대화문 중 가장 어색한 것은?

① A : Why did your computer suddenly shut down?
B : I tried to figure it out, but I couldn't find what's wrong.

② A : Did you get the guide book for rock-climbing?
B : I'd like to go there someday.

③ A : This skirt doesn't fit me.
B : How about getting a refund or an exchange?

④ A : I am going to buy some souvenirs for my family.
B : How about making a shopping list?

보기 ① A : 왜 갑자기 컴퓨터가 꺼졌어요?
B : 알아내려고 했는데, 뭐가 잘못됐는지 모르겠어요.
② A : 암벽등반 안내서 받았어요?
B : 언젠가 가보고 싶어요.
③ A : 이 치마는 저한테 안 맞아요.
B : 환불하거나 교환하는 건 어때요?
④ A : 나는 우리 가족을 위해 기념품을 좀 살 거예요.
B : 쇼핑 목록을 만드는 게 어때요?

17 빈칸에 들어갈 말로 가장 적절한 것은?

> No matter if you're scuba diving along the coast or sailing further out to sea, having the means to call for help in an emergency can be ___________.

① trivial
② essential
③ outdated
④ insignificant

단어 means 수단

해석 「여러분이 해안을 따라 스쿠버 다이빙을 하거나 바다로 더 멀리 항해할 때, 비상시에 도움을 요청할 수 있는 수단을 갖는 것은 필수적일 수 있다.」

ANSWER 16.② 17.②

18 빈칸에 들어갈 말로 가장 적절한 것은?

> Light fixtures, lamps and light bulbs are common ___________ for electrical fires. Installing a bulb with a wattage that is too high for the lamps and light fixtures is a leading cause of electrical fires. Always check the maximum recommended bulb wattage on any lighting fixture or lamp and never go over the recommended amount.

① reason
② effect
③ solution
④ misunderstanding

단어 **light fixture** 조명 기구

해석 「조명 기구, 램프 및 전구는 전기화재의 일반적인 원인이다. 램프 및 조명 기구에 비해 전력량이 너무 높은 전구를 설치하는 것은 전기화재의 주요 원인이다. 어떤 조명 기구나 램프든지 항상 최대 권장 전구 전력량을 확인하고, 권장된 양을 초과하지 마라.」

보기 ① 원인
② 영향
③ 해법
④ 오해

19 빈칸에 들어갈 말로 가장 적절한 것은?

> A : Excuse me, but will you look at this form?
> B : Sure, are you having problems with it?
> A : I don't understand this one. What does "MM/DD/YY" mean?
> B : Oh, that means "Month/Day/Year." Use numbers. For example, if your birth date is January 12, 1997, write 01/12/97.
> A : ______________________________.
> B : Also, don't forget to sign before you submit the form.

① That's simple enough
② I didn't bring my photo ID
③ I have already complained about it
④ My wife's birthday is just two weeks away

ANSWER 18.① 19.①

해석 「A : 실례지만, 이 양식을 좀 봐주시겠어요?
B : 물론이죠, 그것에 문제가 있나요?
A : 이게 이해가 안 돼요. "MM/DD/YY"는 무엇을 의미하나요?
B : 아, 그건 "월/일/년"이라는 뜻이에요. 숫자를 사용합니다. 예를 들어, 생일이 1997년 1월 12일인 경우, 01/12/97이라고 씁니다.
A : <u>그거면 충분해요</u>. (= 충분한 설명이 됐어요.)
B : 또한, 양식을 제출하기 전에 서명하는 것도 잊지 마세요.」

보기 ① 그거면 충분해요.
② 사진 아이디를 안 가져왔어요.
③ 저는 그것에 대해 이미 불평했어요.
④ 제 아내의 생일이 2주 앞으로 다가왔어요.

20 다음 글의 제목으로 가장 적절한 것은?

Psychologists need to always be aware that no two people are the same. No one understands language the same way since their understanding will be linked to their personal experience of the world. So, psychologists try to help the client develop their own understanding of their situation. They enable clients to explore aspects of their life and feelings by being able to talk openly and freely. Good counselling should reduce the client's confusion, allowing them to make effective decisions that lead to positive changes in their attitude or behaviour. The ultimate aim of a psychologist is to allow the client to make their own choices, reach their own decisions and act upon them.

① New Relationship Between Nurses and Clients
② Physical Health Treatments for Young People
③ Roles of a Psychologist
④ Disadvantages of Professional Counselling Services

단어 **aware** ~을 알고[의식/자각하고] 있는 **be linked to** ~와 연결되다 **enable** ~을 할 수 있게 하다 **explore** 탐구하다 **aspect** 양상 **ultimate** 궁극적인 **aim** 목적, 목표

해석 「심리학자들은 두 사람이 같지 않다는 것을 항상 인식할 필요가 있다. 그들의 이해는 그들의 개인적인 세상 경험으로 연결될 것이기 때문에 아무도 언어를 같은 방식으로 이해하지 못한다. 그래서, 심리학자들은 고객이 그들의 상황에 대한 그들 자신의 이해를 발전시키는 것을 도우려고 노력한다. 그들은 고객이 공개적으로 자유롭게 대화할 수 있게 함으로써, 그들의 삶의 양상과 감정을 탐구할 수 있게 한다. 좋은 상담은 고객의 혼란을 줄여 그들의 태도나 행동에 긍정적인 변화를 가져오는 효과적인 결정을 할 수 있게 해야 한다. 심리학자의 궁극적인 목표는 고객이 스스로 선택하고, 자신의 결정에 도달하고, 그에 따라 행동하도록 만드는 것이다.」

보기 ① 간호사와 고객 사이의 새로운 관계
② 청년을 위한 신체 건강 치료법
③ 심리학자의 역할
④ 전문 상담 서비스의 단점

ANSWER 20.③

당신의 꿈은 뭔가요?

MY BUCKET LIST !

꿈은 목표를 향해 가는 길에 필요한 휴식과 같아요.
여기에 당신의 소중한 위시리스트를 적어보세요. 하나하나 적다보면 어느새 기분도 좋아지고 다시 달리는 힘을 얻게 될 거예요.

- ☐ ____________________
- ☐ ____________________
- ☐ ____________________
- ☐ ____________________
- ☐ ____________________
- ☐ ____________________
- ☐ ____________________
- ☐ ____________________
- ☐ ____________________
- ☐ ____________________
- ☐ ____________________
- ☐ ____________________
- ☐ ____________________
- ☐ ____________________
- ☐ ____________________
- ☐ ____________________
- ☐ ____________________
- ☐ ____________________
- ☐ ____________________
- ☐ ____________________
- ☐ ____________________
- ☐ ____________________
- ☐ ____________________
- ☐ ____________________
- ☐ ____________________
- ☐ ____________________
- ☐ ____________________
- ☐ ____________________
- ☐ ____________________
- ☐ ____________________
- ☐ ____________________
- ☐ ____________________
- ☐ ____________________
- ☐ ____________________
- ☐ ____________________
- ☐ ____________________
- ☐ ____________________
- ☐ ____________________
- ☐ ____________________
- ☐ ____________________
- ☐ ____________________
- ☐ ____________________
- ☐ ____________________
- ☐ ____________________
- ☐ ____________________
- ☐ ____________________
- ☐ ____________________
- ☐ ____________________
- ☐ ____________________
- ☐ ____________________
- ☐ ____________________
- ☐ ____________________

창의적인 사람이 되기 위해서

정보가 넘치는 요즘, 모두들 창의적인 사람을 찾죠.
정보의 더미에서 평범한 것을 비범하게 만드는 마법의 손이 필요합니다.
어떻게 해야 마법의 손과 같은 '창의성'을 가질 수 있을까요. 여러분께만 알려 드릴게요!

01. 생각나는 모든 것을 적어 보세요.

아이디어는 단번에 솟아나는 것이 아니죠. 원하는 것이나, 새로 알게 된 레시피나, 뭐든 좋아요. 떠오르는 생각을 모두 적어 보세요.

02. '잘하고 싶어!'가 아니라 '잘하고 있다!'라고 생각하세요.

누구나 자신을 다그치곤 합니다. 잘해야 해. 잘하고 싶어.
그럴 때는 고개를 세 번 젓고 나서 외치세요. '나, 잘하고 있다!'

03. 새로운 것을 시도해 보세요.

신선한 아이디어는 새로운 곳에서 떠오르죠. 처음 가는 장소, 다양한 장르에 음악, 나와 다른 분야의 사람. 익숙하지 않은 신선한 것들을 찾아서 탐험해 보세요.

04. 남들에게 보여 주세요.

독특한 아이디어라도 혼자 가지고 있다면 키워 내기 어렵죠.
최대한 많은 사람들과 함께 정보를 나누며 아이디어를 발전시키세요.

05. 잠시만 쉬세요.

생각을 계속 하다보면 한쪽으로 치우치기 쉬워요. 25분 생각했다면 5분은 쉬어 주세요.
휴식도 창의성을 키워 주는 중요한 요소랍니다.